VERSACE
il genio della moda e l'arte

VERSACE
il genio della moda e l'arte

a cura di
Massimiliano Capella
Patrizia Cucco

Fondazione Giacomini-Meo

Mazzotta

In copertina
Gianni Versace, Abito Warhol / Warhol dress, 1991

In quarta di copertina
Andy Warhol, *Marilyn Monroe, 1967*

p. 2
Perez, *Gianni Versace come Re Sole / Gianni Versace as the Sun King,* 1994

Progetto grafico
Fayçal Zaouali

Redazione
Giorgio Bigatti

Traduzioni in inglese
Susan Wise

© Emile Bernard, Alexander Calder, Sonia Delaunay,
Jim Dine, Roy Lichtenstein, Andy Warhol, by SIAE 2006

© 2006 Fondazione Giacomini-Meo

© 2006 Edizioni Gabriele Mazzotta
Foro Buonaparte 52 - 20121 Milano

ISBN 88-202-1801-1

Fondazione Giacomini-Meo
Musei Mazzucchelli

VERSACE

VERSACE
il genio della moda e l'arte

Ideazione
Massimiliano Capella

Cura della mostra
Massimiliano Capella
Patrizia Cucco

Comitato scientifico
Massimiliano Capella
Patrizia Cucco
Raffaella Fontanarossa
Francesca Morandini
Claudio Salsi
Renata Stradiotti
Piero Zampetti

Comitato d'onore
Mario Boselli
*Presidente Camera Nazionale
Moda Italiana*
Alberto Cavalli
Presidente Provincia di Brescia
Maurizio Faroni
*Amministratore delegato Banca
Aletti*
Roberto Formigoni
Presidente Regione Lombardia
Piero Giacomini
*Presidente Fondazione
Giacomini-Meo*
Donatella Versace
*Direttore creativo Gianni Versace
S.p.A.*
Santo Versace
Presidente Gianni Versace S.p.A.

Autori dei testi e delle schede
Margherita Bolla
Luigina Bortolatto
Massimiliano Capella
Raffaella Fontanarossa
Claudio Giorgione
Mauro Lucco
Francesca Morandini
Barbara Musetti
Ennio Pouchard
Renata Stradiotti
Elisa Zambonin
Pietro Zampetti

Segreteria organizzativa
Deborah Lazzarini

Allestimento
Anna Denza

Servizi didattici
Angela Bersotti

Prestatori
Musei Civici d'Arte e Storia,
Brescia
Civico Museo Archeologico
al Teatro Romano, Verona
Collezione Versace, Milano
Collezioni private

Fotografie
Archivio Gianni Versace S.p.A.
Richard Avedon
Fotostudio Rapuzzi
Irving Penn
Gianluca Stradiotto
Mario Testino
Bruce Weber
Patrick Demarchelier
Mats Gustauson
D. Bailey
Lord Snowdown

Ideazione e realizzazione video
Angelisa Leonesio, Rita Previcini

Ufficio stampa e marketing
VALERIA MERIGHI - Marketing
e Comunicazione
Valeria Merighi, Maria Luisa
Buzzi, Lucia Boarini

*Per la preziosa collaborazione
si ringraziano*
Giuseppe Alessandra,
Luigi Armondi, Luisa Cervati,
Isabelle Clavarino,
Giuseppina Conte Archetti,
Caterina Cornago, Fiorella
De Felice, Gabriella Di Salvo,
Roberta Galfione, Laura Galli,
Enrico Genevois, Guido Malzani,
Luigi Massi, Fernando Mazzocca,
Marcello Mosesso, Barbara Necchi,
Paolo Proserpio, Dario Quartini,
Laura Rossi, Stefania Sacchi
Di Gillio, Emilio Salvatore,
Piera Tabaglio, Angelo Tolotti,
Antonio Trotti

Sponsor

Con il patrocinio di

RegioneLombardia

PROVINCIA
DI BRESCIA

Comune di Mazzano

Camera Nazionale
della
Moda Italiana

Musei Mazzucchelli
via Giammaria Mazzucchelli, 2
25080 Ciliverghe (Brescia)
Italy
tel. +39.030.2120975
Fax +39.030.2120603
www.museimazzucchelli.it
info@museimazzucchelli.it

Alla consueta domanda che veniva spesso rivolta a Gianni su cosa avrebbe scelto di fare nella vita se non fosse stato uno stilista, lui immancabilmente rispondeva: "il musicista". Ho riflettuto a lungo su questa risposta ed è innegabile che Gianni fosse attratto dalla musica e da chi la creava. Le sue ricerche prima di ogni sfilata per avere sempre qualcosa di speciale o di inedito che accompagnasse le uscite dei suoi abiti erano memorabili: mescolava classico e popolare, voci soliste a cori barocchi, rock e tango, suoni tribali, canti gregoriani e melodramma, scegliendo con cura affinché ogni sfilata restasse indissolubilmente legata ai brani scelti.

La realtà è che Gianni era affascinato e irresistibilmente attratto dal bello, in ogni sua forma e manifestazione. Era colpito dalla bellezza dei corpi, femminili e maschili, dalla natura, dagli animali e dalle cose ed era altrettanto affascinato da chi le cose belle le creava, non importa se questo fosse un falegname, un marmista, un architetto o un giardiniere. Il bello era il suo cibo quotidiano, sia che egli si trovasse nel giardino di Como sotto la sua magnolia preferita, intento a preparare il lavoro per il suo ufficio stile, davanti allo spettacolo sublime delle montagne riflesse nel lago, o che si trovasse a Miami, nel suo studio la cui finestra si apriva sul cielo e sull'oceano, circondato dai quadri che amava e dagli oggetti che raccoglieva in giro per il mondo. Circondarsi di cose belle lo aiutava a produrne altre, altrettanto belle. Ognuna delle sue creazioni ha parlato e parla di questa instancabile ricerca del bello: arte greco-romana, bizantina, neoclassica, impressionista, espressionista, cubismo, fino alla pop art. È per questo che la sua moda racconta una storia in cui bello e bellezza sono protagonisti assoluti e forse è per questo che a distanza di tempo i suoi abiti hanno una vitalità e una qualità che vanno oltre la moda e le mode.

Santo Versace
Gianni Versace S.p.A.

Gianni was often asked the routine question about what he would have done if he had not been a fashion designer. He unfailingly answered: "a musician". I pondered over that reply at length, and it is certainly true that Gianni was attracted to music and its creators. The research he did before each fashion show to find something special or unusual to accompany the presentation of his clothes was unforgettable: he mixed classical with popular, solo voices with baroque choirs, rock and tango, tribal sounds, Gregorian chant and melodrama, choosing them with great care so that each show would lastingly be associated with the pieces he selected.

The truth is that Gianni was fascinated by and irresistibly drawn to beauty, in its every form and manifestation. He was captivated by the beauty of bodies, female and male, by nature, animals, and things, and was equally attracted by whoever made beautiful things, regardless of whether the person was a carpenter, a marble-cutter, an architect, or a gardener.

Beauty was his daily bread, when he was in the garden in Como under his favorite magnolia tree, busy preparing the work for his style office, overlooking the sublime view of the mountains reflected in the lake, or in Miami, in his studio with its windows open onto the sky and the ocean, surrounded by the pictures he loved and the objects he collected from all over the world.

Being surrounded by things of beauty helped him produce others, equally beautiful. Every one of his creations spoke and speaks of this tireless quest for beauty: Greco-Roman art, Byzantine, Neo-Classical, Impressionist, Expressionist art, Cubism, including Pop Art. That is why his fashion tells a story in which the beautiful and beauty play the leading roles, and perhaps that is why even over time his clothes have kept a verve and a quality that outlive fashion and fashions.

Santo Versace
Gianni Versace S.p.A.

Nel corso degli ultimi anni Banca Aletti – Private & Investment Bank del Gruppo Banco Popolare di Verona e Novara – ha riservato una particolare attenzione alla conoscenza, alla promozione e alla valorizzazione del patrimonio artistico.

Oggi è lieta di contribuire alla realizzazione di questo affascinante progetto che affianca due mondi apparentemente estranei ma in realtà così complementari: moda e arte.

La moda che è fantasia, creatività e suggestione; la moda che recupera il passato, la moda che anticipa il futuro.

Accanto ritroviamo l'arte, amata, vissuta e interiorizzata dall'artista eclettico e geniale, sarto prima ancora che stilista, che è stato, che è, e che sarà Gianni Versace.

L'iniziativa si inscrive in un progetto di ampio respiro – *Banca Aletti per l'arte* – volto a sostenere, promuovere e divulgare iniziative culturali e istituzioni museali, programmando incontri di approfondimento nelle sedi storiche della Banca o in luoghi di particolare pregio artistico, strutturando un qualificato e innovativo servizio di *art advisory* dedicato alla propria clientela, sponsorizzando progetti di alto valore culturale, di concerto con diverse prestigiose istituzioni.

In questo contesto, il sostegno accordato da Banca Aletti alla realizzazione della mostra "Versace. Il genio della moda e l'arte", costituisce un momento particolarmente qualificato dell'impegno della Banca. Una collaborazione che ci pare testimoniare in modo tangibile la nostra convinzione che l'investimento in cultura sia il miglior modo per valorizzare il nostro patrimonio artistico, animare la vita e lo sviluppo dei territori in cui operiamo.

Banca Aletti
Gruppo Banco Popolare di Verona e Novara

In recent years Banca Aletti – the Private & Investment Bank of the Gruppo Banco Popolare di Verona e Novara – has been devoting special attention to the knowledge, promotion, and enrichment of the artistic heritage.

Today it is pleased to contribute to this fascinating idea of bringing together two worlds which are apparently remote but in fact complementary: fashion and art.

Fashion meaning imagination, creativity, and glamour. Fashion that revives the past, fashion that anticipates the future.

Beside it we find art, cherished, experienced, and interiorized by the eclectic, brilliant artist, tailor even more than fashion designer, who was, is, and will be Gianni Versace. The venture is part of a more ambitious project: *Banca Aletti per l'arte* (Banca Aletti for Art). Its goal is to back up, promote, and popularize cultural activities and museum institutions, scheduling meetings for reflection in the Bank's historic premises or places of outstanding artistic interest, setting up a qualified, innovatory art advisory service devoted to its customers, sponsoring projects of great cultural value in partnership with various prestigious institutions.

In this context, the support given by Banca Aletti to the organization of the exhibition *Versace. Il genio della moda e l'arte* represents a particularly significant moment of the Bank's commitment. A collaboration that we feel concretely attests to our belief that investing in culture is the best way to develop our artistic heritage and vivify the life and development of the territories in which we are active.

Banca Aletti
Gruppo Banco Popolare di Verona e Novara

Nell'ottobre del 2004 i Musei Mazzucchelli hanno ospitato la mostra "Missoni e Tiziano", il primo appuntamento di un progetto espositivo dedicato al tema *Arte e Moda*; abiti, accessori e "opere" di grandi stilisti contemporanei esposti per la prima volta accanto a dipinti, sculture e oggetti d'arte che hanno contribuito a definire le scelte creative degli stessi stilisti, influendo sulle linee degli abiti, sui colori dei tessuti, fino, in alcuni casi, a determinare i materiali scelti per le collezioni.

Il primo appuntamento ha messo in evidenza il legame tra l'arte del Cinquecento e la moda del Novecento e ha voluto sottolineare la possibile influenza della pittura e del tonalismo lagunare del XVI secolo sulle scelte cromatiche di Ottavio Missoni.

La mostra "Versace. Il genio della moda e l'arte", che inaugura le nuove gallerie espositive dei Musei Mazzucchelli, presenta invece un inedito percorso attraverso abiti, tessuti, bozzetti, dipinti e sculture che rivelano il forte e affascinante legame tra uno dei massimi geni della moda del Novecento, Gianni Versace, e l'arte di ogni periodo storico.

L'interesse di Gianni Versace per l'arte è stato infatti continuativo e come egli stesso ha affermato in alcune interviste le sue scelte "stilistiche" sono state influenzate dallo studio e dalla conoscenza diretta di opere appartenenti a momenti diversi della storia dell'arte, dall'antico al contemporaneo. Se il Versace collezionista mette però in evidenza quasi esclusivamente l'interesse per la cultura neo-classica, il creatore di moda attinge invece a tutti gli altri periodi storici, con citazioni spesso fedelissime dal mondo antico, greco-romano, e dal mondo contemporaneo; sono questi, infatti, i due estremi cronologici probabilmente più congeniali allo stilista, sia per le proprie origini, sia per la diretta frequentazione di grandi artisti quali Andy Warhol, Jim Dine, Mario Schifano e Werner, autore quest'ultimo di numerosi "figurini artistici" tratti dalle minute dello stesso Versace.

In October 2004 the Musei Mazzucchelli presented "Missoni e Tiziano" (Missoni and Titian). It was the first of a series of exhibitions on the theme of Art and Fashion: *apparel, accessories, and "works" by great contemporary fashion designers shown for the first time alongside paintings, sculptures, and objets d'art that contributed to the shaping of these designers' creative affinities, influencing the lines of the clothes, the colors of the fabrics, in some instances even determining the materials chosen for the collections.*

The first appointment illustrated the link between sixteenth-century art and twentieth-century fashion, and sought to point out the possible influence of Venetian painting and its emphasis on tonality on the chromatic choices of Ottavio Missoni.

The exhibition "Versace. Il genio della moda e l'arte" (Versace. The genius of fashion and art), inaugurating the new exhibition galleries of the Musei Mazzucchelli, presents on the other hand an unusual display of apparel, fabrics, sketches, paintings, and sculpture, revealing the intense, fascinating bond between one of the greatest geniuses of twentieth-century fashion, Gianni Versace, and the art of every period in history.

Gianni Versace's relationship with art was continuous and, as the fashion designer himself claimed in several interviews, his "stylistic" choices were influenced by the study and the direct knowledge of works of different periods in the history of art, from Antiquity to the present day. If Versace as collector almost exclusively expressed his interest in neo-Classical art, on the other hand the fashion creator approached every other historical period, often with very close quotations from the Antique, Greco-Roman world, and the contemporary world. In fact those two chronological extremes were probably the most congenial to the artist, either because of his birthplace, or through his personal acquaintance with great artists such

Non va inoltre dimenticato che Gianni Versace frequentava abitualmente le mostre e i musei di tutto il mondo e, allo stesso tempo, l'amicizia con Richard Martin (Metropolitan Museum di New York) e con Sir Roy Strong (Victoria and Albert Museum di Londra) gli consentiva di dialogare continuativamente con opere d'arte custodite nelle più importanti collezioni del mondo.

Per presentare in modo significativo il percorso creativo di Versace l'esposizione è stata articolata in quattro sezioni: *L'Antico / La forma*; *L'iconografia di Medusa*; *L'arte moderna / Colore e forma*; *L'arte contemporanea. Warhol, Delaunay, Dine e Calder*.
La prima sezione è dedicata all'interpretazione che Gianni Versace diede del mondo antico, delle linee e dei miti, mediante l'esposizione di abiti con forme ispirate al drappeggio antico, alla clamide, alle scanalature della colonna dorica, così da creare una classicità modernissima, severa e dirompente.

Nella seconda sezione si vuole invece creare un ponte ideale tra l'iconografia classica di Medusa – diffusissima sia nel mondo antico, sia nell'arte moderna e contemporanea – e l'attualizzazione che ne fece Versace, scegliendola come immagine ufficiale della propria *maison*.

Il legame tra l'arte moderna e le scelte cromatiche e formali attuate dallo stilista può risultare meno immediato negli abiti di alcune collezioni. Un'analisi attenta rivela invece che, soprattutto per il Cinquecento, Versace amava attingere attraverso piccoli recuperi, dettagli, particolari, inseriti poi in contesti assolutamente innovativi, spesso indipendenti dalle stesse fonti visive che li avevano ispirati. Proprio per questo motivo sono stati scelti alcuni dipinti che devono essere intesi esclusivamente come fonti iconografiche indispensabili per comprendere il

as Andy Warhol, Jim Dine, Mario Schifano, and Werner, the latter being the author of numerous "artistic fashion plates" drawn from Versace's own sketches.
Moreover we should recall that Gianni Versace was a frequent visitor to exhibitions and museums all over the world, while at the same time his friendship with Richard Martin (Metropolitan Museum in New York) and Sir Roy Strong (Victoria and Albert Museum in London) gave him the opportunity to constantly dialogue with works of art held in the greatest collections in the world.

In order to meaningfully illustrate Versace's creative development, the exhibition is set up in four sections: *Antiquity / Form*; *Iconography of Medusa*; *Modern Art / Color and Form*; *Contemporary Art. Warhol, Delaunay, Dine, and Calder*.
The first part focuses on the interpretation Gianni Versace gave of the antique world, of its lines and myths, by displaying garments with forms inspired by antique drapery, the chlamys, the fluting of the Doric column, thus creating an ultra-modern classicism, together severe and stunning.

The second part seeks to create an ideal bridge between the classical iconography of Medusa—widely diffused both in the antique world and in modern and contemporary art—and the updating Versace achieved by choosing it as the official image of his couture house.

The connection between modern art and the fashion designer's chromatic and formal choices may seem less obvious in the apparel of some collections. Yet a careful analysis shows that Versace, especially as regards the sixteenth century, was fond of retrieving small details, particulars, which he then introduced in utterly new contexts often unrelated to their visual sources. That is why we selected a few paintings to document that period: they should be interpreted exclusively as iconographic sources indispensable for recognizing the

gusto vestimentario tra Cinquecento e Ottocento. Vengono quindi riproposte in alcuni casi schede di catalogo già note, dove si è volutamente tralasciata una discussione attributiva scientifica, per concentrare invece l'attenzione sul periodo storico attinente la storia della moda di quel periodo.

L'ultima sezione dedicata allo sguardo di Gianni Versace rivolto ai movimenti contemporanei vuole invece andare oltre la storia della moda e la storia dell'arte in senso canonico e, attraverso gli efficaci e immediati rimandi degli accostamenti tra abiti e opere, è possibile dimostrare in modo inequivocabile quello che il grande stilista ha ribadito con il proprio lavoro: ovvero che *la moda è arte e l'arte collabora con la moda.*

Massimiliano Capella
Direttore dei Musei Mazzucchelli

sartorial taste between the sixteenth and the nineteenth centuries. So several formerly published catalog entries are featured, in which the scientific discussion regarding attribution is intentionally set aside to focus on the historical period relative to the history of fashion in those years.

The last part, devoted to Gianni Versace's perception of contemporary trends, endeavors to go beyond the history of fashion and art history in their canonical sense. By effective, immediate references to comparisons between garments and works, it is possible to positively prove what Gianni Versace confirmed with his own work, that is, that *fashion is art and art collaborates with fashion.*

Massimiliano Capella
Director of the Musei Mazzucchelli

Sommario/Contents

THE WORLD OF G...

...sincere and outstanding but also shy and withdrawn. They say he often works outside the mainstream of his contemporaries - because, although always looking into the future, his knowledge of the past makes him better understand his own era

Il senso del futuro e l'amore per il passato

Massimiliano Capella

La storia della moda del XX secolo registra tra gli eventi più significativi l'affermazione internazionale del *Made in Italy*, il primato di modelli italiani che, dopo la supremazia tra il Seicento e l'Ottocento della moda spagnola, francese e inglese, ha delineato la nascita di un nuovo gusto vestimentario. Si deve parlare di un "ritorno" allo stile italiano, una sorta di ponte ideale con il passato, dal momento che già nel Cinquecento assistiamo alla diffusione in tutta Europa di una moda "all'italiana", contraddistinta da fogge, colori e accessori che caratterizzano uno dei periodi di maggiore fantasia e creatività in Occidente.

La valenza artistica e culturale che la "nuova" moda italiana ha saputo imporre ha dato vita nel Novecento a numerose discussioni critiche, che, a diversi livelli, hanno sottolineato una possibile *liaison* tra arte e moda, legando aspetti di un'estetica sociale della moda a relazioni stilistiche sempre più sottili tra le *linee* della moda e lo *stile* dell'arte.

Già nel mondo antico le fogge esibite dall'abbigliamento hanno mostrato una chiara dipendenza culturale dagli stili dell'arte e anche nei secoli successivi questi parallelismi sono evidenti: il verticalismo e lo slancio dell'arte gotica si ritrovano nelle vesti eleganti e allungate documentate dalle figure di Gentile da Fabriano e di Pisanello; il rigore rinascimentale è riscontrabile anche nel gusto del costume di quel periodo, dove gli abiti ampi non prevaricavano mai la linea della persona; oppure, l'esuberanza dello stile barocco trova nell'abbigliamento e nelle acconciature una magnificenza mai conosciuta.

L'analisi dell'evoluzione dell'abbigliamento si avvale di fonti storiche quali i documenti d'archivio – leggi suntuarie, inventari dei guardaroba, letteratura – ma usufruisce soprattutto di testimonianze iconografiche, opere d'arte, figurini e fotografie. I dipinti, i ritratti in modo specifico, sono da sempre ritenuti le fonti visive principali, indispensabili per

Mimmo Rotella, *Gianni Versace*, collage, 1984

Mimmo Rotella, *Gianni Versace*, collage, 1984

A Feeling for the Future and a Love for the Past

Massimiliano Capella

One of the major events in the history of twentieth-century fashion is the worldwide success of *Made in Italy*. The supremacy of Italian models, coming after the rule of Spanish, French, and English fashion from the seventeenth to the nineteenth century, fostered a new taste in sartorial art. We should actually speak of a "return" to Italian style, a sort of ideal bridge with the past, since in the sixteenth century a style *all'italiana* already spread throughout Europe, distinguished by shapes, colors, and accessories exemplifying one of the most imaginative, creative periods in the West.

Actually the artistic and cultural relevance imposed by the "new" Italian fashion generated a great amount of critical discussion during the twentieth century, underscoring on various levels a possible connection between art and fashion, linking aspects of a social esthetics of fashion to increasingly subtle stylistic relations between the *lines* of fashion and the *style* of art.

In antiquity the shapes of dress already displayed a clear cultural dependence on artistic styles. These parallels were obvious in the subsequent centuries as well: we can see the verticality and soaring of Gothic art in the elegant, elongated apparel of the figures of Gentile da Fabriano and Pisanello. The precision of the Renaissance also appeared in the costumes of that period, where the flowing garments were always in harmony with the wearer's lines. And again, the exuberance of the Baroque achieved an unprecedented splendor in dress and hair styles.

The study of the evolution of dress is based on historical sources such as archive documents—sumptuary laws, wardrobe inventories, literature—but above all on iconographic evidence, art works, fashion plates, and photographs. Paintings, especially portraits, are always considered the principal visual sources, indispensable for learning from the images about the transformations

conoscere, attraverso le immagini, le trasformazioni che l'abito e i suoi accessori hanno subito nel corso dei secoli.

A seguito delle pionieristiche ricerche di Rosita Levi Pisetzky, intese a svelare principalmente i parallelismi tra arte e moda nei secoli passati, si sono sviluppati studi per individuare anche nella moda contemporanea le possibili influenze generate dall'arte di oggi e del passato. Nella moda contemporanea, infatti, le relazioni con l'arte si estendono ulteriormente. Con la rinnovata affermazione novecentesca del *Made in Italy*, ad esempio, accanto alla legittima influenza dell'arte di oggi si registra nella moda un inedito recupero degli stili del passato e proprio grazie all'opera d'arte, documento imprescindibile, lo stilista ha avviato un lavoro straordinario di attualizzazione delle linee, delle forme e dei colori dei secoli precedenti.

Omar Calabrese definisce a tale proposito il lavoro dello stilista contemporaneo una traduzione degli stili dell'arte verso un'estetica sociale innovativa e individua nel creatore di moda una capacità profonda di produrre "maniere individualizzate di dare senso alle sensazioni"[1]. L'abito, come l'opera d'arte, ha quindi valore di oggetto comunicativo e per questo necessita di tutti i linguaggi sensoriali: vista, tatto, gusto, odorato e udito.

Tra i grandi stilisti contemporanei è Gianni Versace a ricoprire il ruolo primario, fondamentale, di comunicare attraverso l'abito e, contemporaneamente, di riunire nelle proprie creazioni linee e stili attinti in modo trasversale dall'arte antica a quella contemporanea.

Lo sguardo sull'arte non è mai un recupero fine a se stesso. Lo stilista, infatti, il sarto secondo l'accezione di Versace, parte dall'amore per il passato per inventare il futuro e creare stili e elementi figurativi moderni e innovativi, spesso addirittura indipendenti dalle stesse fonti visive che li hanno ispirati. È qui che ritroviamo allora la genialità di Versace, ovvero la capacità di attingere a piene mani dal passato per dargli nuova modernità:

"Da anni anch'io vado esplorando i territori di una possibile collaborazione, convinto come sono che il nostro lavoro artigianale, integrato all'arte, si avvicinerebbe al valore e alla credibilità di una espressione artistica e potrebbe generare risultati sorprendenti anche nella tecnologia" (G. Versace)[2].

Gianni Versace dichiara la sua passione per la storia della moda e per l'arte fin dal 1975 quando realizza un modello per Callaghan, fotografato da Bob Krieger e indossato da Veruschka: un abito tunica affiancato a una mezza colonna,

Gianni Versace nella villa di Como, 1982 - Gianni Versace in his villa, Como, 1982

dress and its accessories underwent over the centuries. After Rosita Levi Pisetzky's pioneering research, aimed essentially at discovering parallels between art and fashion in the past centuries, new studies were undertaken to identify possible influences of yesterday's and today's art in contemporary fashion as well. In contemporary fashion, as a matter of fact, relations with art are intensified. With the revived twentieth-century popularity of *Made in Italy*, for instance, along with the legitimate influence of present-day art, we observe in fashion a surprising revival of past styles. Precisely thanks to the work of art, an indispensable document, the fashion designer was able to outstandingly update the lines, the shapes, and the colors of the preceding centuries.

In this respect Omar Calabrese defines the work of the contemporary fashion designer as a translation of styles of art into an innovative social esthetics. He discerns in the fashion creator a strong ability to produce "individualized ways of giving sense to sensations"[1]. Dress, like the work of art, is a precious communicative object, and therefore calls on all the languages of the senses: sight, touch, taste, smell, and hearing.

Among all the great contemporary fashion designers, Gianni Versace played the leading, essential role of communicating through dress and, at the same time, of associating in his designs lines and styles indirectly drawn from ancient art up to contemporary art.

This looking at art is never a revival for its own sake. The designer, the tailor in Versace's acceptation, starts from love for the past to invent the future, creating modern, innovatory styles and figurative elements, very often independent of the visual sources which inspired them. So this is where we see Versace's genius: his capacity to draw abundantly from the past to give it a new modernity:

"For years now I, too, explored the fields of a possible collaboration, since I feel sure that our hand-crafted work, integrated with art, would approach the worth and credibility of an artistic expression, even producing astonishing results in technology" (G. Versace)[2].

Gianni Versace first proclaimed his passion for the history of fashion and art in 1975 when he created a model for Callaghan, photographed by Bob Krieger and worn by Veruschka: a tunic dress next to a half-column, where the fluting of the architectural element seems to be directly projected onto the dress featuring close-set linear pleats.

dove le scanalature dell'elemento architettonico sembrano proiettarsi direttamente sull'abito con fitte e lineari pieghe. L'antico è quindi già protagonista del processo creativo dello stilista e, unitamente all'innata capacità di reinventare il passato, lo ritroviamo nell'emblematica scelta di adattare quale simbolo della propria *maison* l'iconografia della Gorgone-Medusa, che, fissatasi attorno alla metà del VII secolo a.C., ripercorre trasversalmente ogni periodo storico, fino alle modernissime e scabrose letture artistiche offerte nel Novecento da Lucio Fontana, Renato Guttuso, Mimmo Rotella e Jim Dine o all'innovativa proposta musicale *Medusa* di Arnaldo da Felice (rappresentata nel 2005 nella Allerheiligen Hofkirche di Monaco e al Teatro Comunale di Bolzano).

Il percorso di Versace nasce e si sviluppa attraverso lo studio e la conoscenza di diversi momenti fondamentali della storia dell'arte, ma da uomo del sud, legato alle tradizioni antiche, alla cultura classica e ellenistica, mantiene costante l'interesse per la statuaria classica, per l'iconografia antica e per questo inventa abiti-sculture.
Ne sono esempi assoluti l'*Abito rosa*, creato nel 1997, modello di asimmetria e drappeggio ispirati al panneggio

pieghettato della tunica classica, e l'*Abito azzurro* del 1995, dove le ampie e lineari pieghe della veste riecheggiano le scanalature della colonna dorica e la foggia della corta veste sembra derivare dall'abito delle danzatrici greche.
Lo sguardo di Versace sulla storia della moda e sull'arte si posa con maggiore libertà di inventiva quando realizza abiti-costumi per il mondo del teatro, quando la collaborazione con Maurice Béjart e Bob Wilson gli offre la possibilità di reinventare il passato, affrancandosi completamente da una coerenza storica, a favore invece di una fusione di passato e presente. Non vi è quindi nelle opere teatrali il rigore di una corretta cronologia di riferimenti, ma la capacità di ricreare l'atmosfera di un preciso momento storico attraverso una contaminazione linguistica. Lo stesso Versace sosteneva che la possibilità di lavorare per il teatro era una "liberazione totale", come "volare lontano dalla tradizione e dagli schemi per reinterpretare senza costrizioni personaggi e miti"[3].
Così avviene per i costumi del balletto *Dionysos*, realizzati nel 1984, dove l'influenza del mondo antico, unitamente al sapore orientale del mito di Dioniso, dà vita a un pantalone a sfoglie ripreso dal costume tradizionale dei danzatori di Bali.

Modello per Callaghan, fotografato da Bob Krieger e indossato da Veruschka, 1975
Model for Callaghan, photographed by Bob Kreiger and worn by Veruschka, 1975

Abito Medusa, 1993
Medusa dress, 1993

So the antique was already part of the fashion designer's creative process. Along with his innate ability to reinvent the past we see it again in the emblematic choice to choose the iconography of the Gorgon-Medusa as the symbol of his fashion-design house. That image, formed toward the mid-seventh century B.C., can be found in every period in history, including its ultra-modern, brazen twentieth-century artistic readings by Lucio Fontana, Renato Guttuso, Mimmo Rotella, and Jim Dine, or Arnaldo da Felice's innovative music of *Medusa* (performed in 2005 at the Allerheiligen Hofkirche in Munich and the Teatro Comunale in Bolzano).
Versace began and continued his career with the study and knowledge of several key moments in art history, but because he was a man of the South, bound to antique traditions, classical and Hellenistic culture, his interest in classical statuary and antique iconography was omnipresent, which explains why he invented sculpture-clothes.
Some perfect examples are the *Pink Gown*, created in 1997, a model of asymmetry and drapery inspired by the pleated drapery of the classical tunic, and the 1995 *Blue Gown*, where the flowing vertical pleats of the dress echo the fluting of the Doric column, and the shape of the short garment seems to derive from the costume of Greek dancers.
Versace's approach to the history of fashion and art was freer and more inventive when he made costumes for the stage, when collaboration with Maurice Béjart and Bob Wilson gave him the opportunity to reinvent the past,

Il costume teatrale per *Souvenir de Leningrad*, con la regia e la coreografia di Béjart, va invece inteso come esempio assoluto dell'eclettismo di Versace, capace di far coesistere diversi linguaggi stilistici: dal folklore della Russia, nei colori e nella fantasia, all'ampiezza del panneggio rinascimentale, fino all'esuberanza della forma barocca.

Accanto all'interesse per la cultura figurativa antica, nella produzione di Gianni Versace ritroviamo spesso citazioni tratte anche dall'arte rinascimentale, una sorta di omaggio al gusto vestimentario di uno dei periodi di maggiore fantasia e creatività della moda in Occidente, quando tra Quattrocento e Cinquecento, grazie soprattutto ai modelli esibiti nelle più raffinate corti padane, si diffonde una moda propriamente "all'italiana", contraddistinta da tagli fantasiosi, ampi volumi e colori pieni. Sono questi elementi che ritroviamo nella cosiddetta *Vestaglia rinascimentale*, in velluto di seta

moiré stampato a più colori, e nelle imbottiture di *Pelle animale*, derivate dai farsetti cinquecenteschi in velluto o in pelle con ampi rigonfiamenti. La foggia esibita dall'indumento di Versace deve essere pertanto letta come un'interpretazione moderna delle vesti cinquecentesche, contraddistinte da maniche aderenti, da colletti montanti e dall'ampia baschina nella parte inferiore.

L'attenzione di Versace verso modelli rinascimentali si riscontra soprattutto in alcune collezioni di abiti maschili dei primi anni Ottanta, dove lo stilista sembra rievocare l'immagine del gentiluomo cinquecentesco, elegante e raffinato, ma tendente al modello del soldato. Nei primi decenni del XVI secolo, in un periodo storico di grande tensione politica e militare in tutta Europa, assistiamo al tentativo da parte dell'uomo di emulare l'atteggiamento e il gusto suntuario dei militari: le forme vestimentarie, le acconciature e gli accessori, tendono quindi a esaltare la prestanza fisica, accentuan-

Gianni Versace con Maurice Bejart, 1994
Gianni Versac and Maurice Bejart, 1994

Modelli maschili, berrette, giubbotti e rasature, 1982-83
Men's models, caps, jackets, and shaving, 1982-83

entirely breaking away from historical coherence, creating a combination of past and present. So his theater works, without the constraint of an accurate referential chronology, recreate the atmosphere of a precise historical moment through linguistic contamination. Versace himself claimed that being able to work for the stage was a "total liberation", like "flying far from tradition and patterns to reinterpret figures and myths without constraints"[3].

The same thing was true for the costumes for the ballet *Dionysos*, in 1984, where the influence of the antique world, blended with the Eastern flavor of the myth of Dionysus, led him to create metal-foil trousers borrowed from the traditional costume of Balinese dancers.

The stage costumes for *Souvenir de Leningrad*, with Béjart's direction and choreography, should be interpreted as an absolute example of Versace's eclecticism, allowing him to associate several stylistic languages, including Russian folklore for color and fantasy, Renaissance flowing drapery, and the exuberance of Baroque forms.

In Gianni Versace's production, next to his interest in antique figurative culture, we often find quotations from Renaissance art, a tribute to the sartorial taste of one of the

most imaginative and creative periods of Western fashion. In the fifteenth and sixteenth centuries, especially owing to the models displayed in the most refined Po Valley courts, a fashion entirely *all'italiana* was diffused, exemplified by imaginative cuts, ample volumes, and bright colors. These are the elements we find in the so-called *Renaissance Dressing Gown*, made of moiré silk velvet printed in several colors, and in the quilting of *Animal Skin*, derived from the sixteenth-century velvet or leather doublets with bulky padding. The shape of Versace's garment should be seen as a modern interpretation of sixteenth-century attire, distinguished by close-fitting sleeves, high collars, and the wide basque in the lower part.

We can particularly see Versace's fondness for Renaissance models in several men's clothes collections in the early 1980s: the designer seemed to bring back to life the image of the sixteenth-century gentleman, elegant and refined, but with a leaning toward the model of the soldier. In the first decades of the sixteenth century, a historical period of great political and military tension throughout Europe, we observe the men's attempt to emulate the attitude and sumptuary taste of the military: the forms of the garments, hair styles, and accessories tend to glorify physical handsomeness, emphasiz-

done l'aspetto virile e bellicoso. Compaiono vesti in pelle, tagli *crevé*, capelli rasati, berrette piatte e le alette in corrispondenza del giro-manica, secondo la tradizione militare che prevede nelle armature la copertura delle zone di aggancio dei diversi pezzi.

Un gentiluomo-guerriero è di fatto il maschio che Versace veste con il *Giubbotto in pelle e berretta*, dove le finte alette sulle spalle, la berretta piatta e la rasatura dei capelli sembrano derivare da alcuni modelli degli anni Trenta e Quaranta del Cinquecento padano, da Giulio e Bernardino Campi e Giovanni Agostino da Lodi.

Sempre dal mondo militare Gianni Versace trova lo spunto per ideare già nei primi anni Ottanta l'abito in maglia metallica, con ogni probabilità l'invenzione più suggestiva del suo percorso creativo, una chiara derivazione dalla camicia di maglia ad anelli d'acciaio portata sotto l'armatura, che, declinata a uso civile, gli permette di dar vita ad

abiti per l'uomo e per la donna eleganti nelle linee e nei tagli, ma soprattutto intrisi di un'inedita lucentezza.

In diverse occasioni si è poi parlato di Versace barocco o neo-barocco, ma come viene osservato da Omar Calabrese "non ci sono nei suoi abiti citazioni esplicite a quello stile, inteso in senso storico-artistico"[4]. Piuttosto Versace riesce a emanare uno stile che è barocco da un punto di vista percettivo, emozionale e sensoriale. Così è di fatto negli *Abitini barocchi*, realizzati nel 1992, dove in abiti-miniatura lo stilista ricrea l'atmosfera di un periodo senza attenersi al rigore cronologico, ma puntando sulla forte passionalità e sull'emozione di quel tempo.

Una simile capacità evocativa la ritroviamo anche nell'*Abito con corpetto in jeans e gonna floreale* del 1992 e nei fantasiosi abiti della stessa collezione, contraddistinti da gonne immense e da un certo sapore esotico, che, grazie

Giovanni Agostino da Lodi, *Predica di san Giovanni*, 1530, particolare
Giovanni Agostino da Lodi, *Preaching of Saint John*, 1530, detail

Maglia metallica, Prince, 1995
Metallic chain-mail, Prince, 1995

Abitino barocco, 1992
Little Baroque dress, 1992

ing a virile, warlike aspect. Leather garments, *crevé* cuts, shaved hair, flat caps, and flaps level with the armhole, in keeping with the military tradition of armor where the riveted links between the various plates were concealed.

Actually the male whom Versace dresses in the *Leather jacket and cap* is a gentleman-warrior. The false flaps on the shoulders, the flat cap, and shaved hair seem to derive from models dating to the 1530s-40s in the Po Valley, by Giulio and Bernardino Campi and Giovanni Agostino da Lodi.

Gianni Versace turned to the military ambit again in the early 1980s for his inspiration in creating the metallic chain-mail garment, doubtless the most suggestive invention of his creative career, a clear derivation from the coat of mail made of interwoven steel rings worn under armor. In its civilian version it allowed him to create clothing for men and

women with elegant lines and cuts, but above all featuring an unheard of shimmering.

Then on several occasions Versace was described as Baroque or Neo-baroque, but as Omar Calabrese pointed out, "in his clothing there are no explicit quotations of a certain style in the historical-artistic sense"[4]. Instead Versace succeeded in emanating a style which was Baroque on a perceptive, emotional, and sensorial level. That was the case with the *Little Baroque Dresses* made in 1992, where the designer recreated in miniature clothes the atmosphere of a period regardless of chronology, but concentrating on the intense passion and emotion of that period.

We find a comparable evocative skill as well in his 1992 *Flower skirt and denim blouse ensemble* and the imaginative apparel of the same collection, exemplified by huge skirts and a certain exoticism. Thanks to a "revised and corrected"

a una lettura "riveduta e corretta" delle fogge della metà dell'Ottocento, ripropongono quel gusto tipicamente romantico intriso di malizia e sensualità che Versace sembra aver studiato sui dipinti di Hayez, di Podesti, del lombardo Inganni e sui figurini di moda di quegli anni.

L'amore per l'arte contemporanea e le proficue collaborazioni dello stilista con numerosi artisti viventi costituiscono invece un'inedita fonte di stimolo per creare abiti che dichiarano apertamente e in modo assolutamente inequivocabile che "la moda è arte e che l'arte collabora con la moda". Tutto il Novecento sembra esercitare su Versace un grande fascino, ma la possibilità di confrontarsi direttamente con artisti quali Andy Warhol, Jim Dine, Mario Schifano porta lo stilista a ideare un abbigliamento spettacolare, per colore, forma e materiali impiegati.

"Personalmente sono stato attratto da Klimt e da Kandinski, da Picasso e dalla razionalità del Costruttivismo Russo. Mi affascina questa volontà rivoluzionaria di cambiare il mondo che ritrovo oggi nella pop art e nelle correnti di avanguardia." (G. Versace)[5]

Indossare l'*Abito Marilyn*, l'*Abito Liz* e l'*Abito Whaam!* è come portare a pelle il mondo di Warhol, di Lichtenstein e di tutta quella cultura pop fatta di colori, immagini patinate che hanno travolto un'intera generazione.
Il prezioso *Abito Delaunay*, tempestato di cristalli Swarovski, dialoga con le creazioni di Sonya Delaunay con la naturalezza di due elementi che hanno la stessa trama, da un lato le scansioni dell'artista e dall'altro il disegno dell'abito, creato dallo stilista quale omaggio alla cultura astratta.
Nell'affascinante viaggio condotto da Gianni Versace attra-

ABITI ROMANTICI, 1992 - ROMANTIC DRESSES, 1992
FIGURINO DI MODA, 1858 - FASHION PRINT, 1858

DISEGNO ABITO LIZ, 1990
DRAWING FOR LIZ DRESS, 1990

interpretation of mid-nineteenth century forms, they proposed that typically Romantic taste, witty and sensual, which Versace seems to have studied in paintings by Hayez, Podesti, the Lombard Inganni, and fashion prints of those years.
The designer's love for contemporary art and countless collaborations with many living artists were an unusual stimulus for creating apparel which openly and unmistakably claimed that "fashion is art and art collaborates with fashion".
The entire twentieth century seemed to fascinate Versace, but the possibility of dealing directly with artists like Andy Warhol, Jim Dine, Mario Schifano, led the designer to imagine clothes rendered spectacular by the col-

ors, forms, and materials utilized.

"Personally I am attracted to Klimt and Kandinsky, Picasso, and the rationality of Russian Constructivism, I am fascinated by the revolutionary impulse to change the world, which I see again in Pop Art and the avant-gardes." (G. Versace)[5]

Wearing the *Marilyn Dress*, the *Liz Dress*, and the *Whaam Dress!* is like putting on the worlds of Warhol, Lichtenstein, and all of colorful Pop culture, glossy images that submerged an entire generation.
The precious *Delaunay Dress*, studded with Swarovski crystals, dialogues with Sonia Delaunay's creations with the ease of two

Ricamo
BASE B/N + PASTELL

verso il mondo dell'arte contemporanea andrà infine ricordata l'ideale trasposizione vestimentaria delle invenzioni geniali e acrobatiche di Alexander Calder, con ogni probabilità l'involontario testamento spirituale dello stilista. Nell'*Abito da sera dipinto a mano*, realizzato proprio l'anno della sua morte (1997), ritroviamo infatti nella seta e nello *chiffon* lo stesso movimento fluttuante e gli stessi segni visivi che hanno caratterizzato le installazioni dello scultore americano, qui reinterpretati dal genio di Versace e presentati a noi quale sintesi del suo percorso creativo e di tutto un secolo di alta moda: l'*Insostenibile leggerezza dell'essere…* alla ricerca di un legame con la storia.

[1] G. Versace, O. Calabrese, *Vanitas. Lo stile dei sensi*, Milano 1991, p. 11.
[2] *Biennale di Firenze. Il Tempo e la Moda*, catalogo generale a cura di G. Celant, Skira-Biennale di Firenze, Milano 1996, p. 172.
[3] G. Versace, *Dalla "Z" alla "A"*, in *Gianni Versace. L'abito per pensare*, a cura di N. Bocca e C. Buss, catalogo della mostra, Milano 1989, p. 21.
[4] G. Versace, O. Calabrese, *Vanitas. Lo stile dei sensi*, cit., p. 14.
[5] *Biennale di Firenze. Il Tempo e la Moda*, cit., p. 172.

VESTAGLIA MARILYN, 1990 - MARILYN NIGHT-GOWN, 1990

elements having the same pattern, on the one hand the rhythms of the artist and on the other the design of the dress, created by the designer as a tribute to abstraction.

Last, in Gianni Versace's enthralling journey through the world of contemporary art we should recall the ideal sartorial transposition of Alexander Calder's brilliant, acrobatic inventions, probably the designer's involuntary spiritual testament. In the *Hand-painted evening gown*, created the very year of his death (1997), we actually can find in silk and chiffon the same fluctuating movement and visual signs as in the American sculptor's installations, reinterpreted here by Versace's genius and displayed to us as a synthesis of his career and of an entire century of haute couture: the *Unbearable Lightness of Being…* in the quest for a bond with history.

[1] G. Versace, O. Calabrese, *Vanitas. Lo stile dei sensi*, Milan 1991, p. 11.
[2] *Biennale di Firenze. Il Tempo e la Moda*, catalog edited by G. Celant, Skira-Biennale di Firenze, Milan 1996, p. 172.
[3] G. Versace, *Dalla "Z" alla "A"*, in *Gianni Versace. L'abito per pensare*, edited by N. Bocca and C. Buss, exhibition catalog, Milan 1989, p. 21.
[4] G. Versace, O. Calabrese, *Vanitas. Lo stile dei sensi*, cit., p. 14.
[5] *Biennale di Firenze. Il tempo e la Moda*, cit., p. 172.

ARS LONGA VITA BREVIS

Renata Stradiotti

Se fosse possibile attribuire pensieri e desideri ai personaggi raffigurati nell'opera creata da un artista sarebbe forte la tentazione di immaginare che la *Venere degli stracci*, realizzata da Michelangelo Pistoletto e ormai divenuta un archetipo di quel dibattito estetico scaturito dalla contrapposizione tra un'icona della classicità e i materiali attuali e "consumati", si augurasse che l'ammasso di pezzetti di tessuto ammonticchiati davanti a lei potesse trasformarsi in drappeggi e volute per accompagnare le forme del suo corpo: non tanto per coprirlo e nasconderlo ma per esaltarlo in una fusione armonica, originale e incantevole.

Si potrebbe anche supporre che la divinità femminile invocasse l'intervento di un nume dell'Olimpo, che, con un atto creativo, scegliesse e ricomponesse secondo logiche anche insolite ciò che appare come un groviglio informe, seguendo i rivoli di una creatività lungimirante e innovativa.

Sembrerebbe questo il senso da attribuire allo sguardo profondo e coinvolgente che Gianni Versace lancia dai due *Ritratti specchianti*, che Michelangelo Pistoletto gli ha dedicato, forse cogliendo il tacito invito che la *Venere* avrebbe potuto rivolgere proprio allo stilista, o meglio "al sarto" come egli amava definirsi.

Un *divertissement* di sguardi e di rimandi attraverso gli specchi (parte integrante dei due ritratti) che ci piace immaginare possa intercorrere tra il soggetto ritratto e quello raffigurato nell'installazione e che sembrerebbe adattarsi perfettamente a una situazione dove gli attori sono comprimari e partecipano a un reciproco e giocoso scambio di suggerimenti. L'autore di queste opere, Pistoletto, ci permette di creare un legame e un'intesa ideale tra i due soggetti rappresentati quale testimonianza ed espressione del genio creativo.

Negli occhi di Gianni Versace si legge la passione per quella che è stata la sua attività e la vivace curiosità verso la realtà

MICHELANGELO PISTOLETTO, *Gianni Versace*, 1996

ARS LONGA VITA BREVIS

Renata Stradiotti

If we could lend thoughts and desires to figures created by an artist, it would be tempting to imagine Michelangelo Pistoletto's *Venere degli stracci* (Venus with Rags)—archetype of the esthetic debate triggered by putting an icon of classicism alongside contemporary "consumed" materials—wishing that the pieces of cloth piled up in front of her would turn into draperies and swirls to fit the forms of her body: less to cover or conceal it than to enhance it in a harmonic, original, and delightful blending.

We could even imagine the goddess appealing to a deity of Mount Olympus for a creative gesture, even inspired by an unwonted rationale, to sort out and reassemble what looks like a shapeless tangle, complying to the flow of a farseeing, innovative creativity.

Perhaps that is the meaning we should attribute to Gianni Versace's intense, absorbing gaze in the two *Ritratti specchianti* (Mirror Portraits) that Michelangelo Pistoletto devoted to him, maybe referring to the tacit invitation the *Venus with Rags* might have addressed to the fashion designer, or better said to "the tailor" as he liked to call himself.

A play of glances and references in the mirrors (an intrinsic part of the two portraits) which we like to think could be exchanged between the portrayed subject and the one represented in the installation and that seem perfectly suited to a situation where the actors are second leads and participate in reciprocal, playful banter. The author of these works, Pistoletto, enables us to create a bond and an ideal understanding between the two subjects portrayed, as a testimony and expression of creative talent.

In Gianni Versace's eyes we can read a passion for his work and a lively curiosity for the reality around him, with a marked tendency to experiment the most varied styles and materials. Here is a gaze that strikes the beholder and helps

circostante, caratterizzate da una spiccata propensione per la sperimentazione degli stili e dei materiali più diversi. È uno sguardo che colpisce l'osservatore e che consente di comprendere il percorso seguito dal creatore di moda e il suo pensiero applicato a questo particolare campo dell'espressività.

Proprio l'osservazione dell'opera d'arte, grazie alla frequentazione di artisti e di esperti museali, è stata alla base di molta parte del suo modo di procedere nell'invenzione e nell'elaborazione di un'idea, fino ad arrivare all'esito finale: l'abito. È così possibile in molti casi individuare la fonte di ispirazione e seguire l'*iter* che partendo dall'oggetto artistico ha suggerito allo stilista gli spunti per realizzare modelli di "stile", originali sia per l'aspetto estetico, sia per i materiali usati. Appare evidente che quell'esito finale è caratterizzato da una sperimentazione variegata condotta secondo un cammino parallelo a quello già attuato nel campo delle arti

visive e nel caso specifico applicato all'ambito della moda. Anche per l'iniziativa che si presenta in questa occasione la visione delle opere d'arte è fondamentale ed esse vengono proposte quale fonte primaria di ispirazione, rielaborata e ripensata con acutezza e indispensabile per comprendere la valenza artistica insita anche in un prodotto di "consumo" come l'abito. La ricerca è stata alla base dell'operato di Gianni Versace che ha concepito e realizzato delle "icone vestimentarie", fissando così nel tempo e nel gusto ciò che per sua natura è effimero e voluttuario.

Ancora una volta è giocoforza tornare allo sguardo magnetico che egli lancia dai *Ritratti* già ricordati e assimilarlo a un altro sguardo, quello della Medusa, che, secondo la tradizione mitologica, trasformava in forme non deperibili ciò che cadeva sotto i suoi occhi. Questa immagine, che è stata rappresentata e interpretata dagli artisti di tutti i tempi, suggestiona e ipnotizza, affasci-

MICHELANGELO PISTOLETTO, *Venere degli stracci*, 1967

to understand the course the fashion designer followed and his thinking applied to that particular field of expression. Actually, thanks to his familiarity with artists and museum experts, looking at the work of art was the basis for much of the way he proceeded in the invention and pursuit of an idea up to the final outcome: the apparel. So in many cases we can identify the source and follow the course which, springing from the artistic object, gave the designer the inspiration to create models with "style", original both in esthetic appearance and materials. It seems clear that this outcome resulted from highly diversified experiments comparable to those accomplished in the field of the visual arts and in this specific case applied to the sphere of fashion.

On this occasion as well, seeing the works of art is essential. They are shown as a primary source of inspiration, acutely re-elaborated and re-examined, and indispensable for grasping the artistic value inherent in a "consumer" product like clothing as well. Research was the cornerstone of Gianni Versace's doing: he designed and made "sartorial icons", establishing in time and in taste what is intrinsically ephemeral and superfluous.

Once again we must go back to the magnetic gaze he casts from the above-said *Portraits* and compare it to another

gaze, that of Medusa who, according to myth, turned what met her eye into non-perishable forms. That image, which has been represented and interpreted by artists of every period, influences and hypnotizes, fascinates and enthralls: Gianni Versace as well re-elaborated it with variations of themes and meanings, among other things choosing it as the emblem of his fashion house.

Sometimes apparently chance meetings reveal profound affinities: the Medusa head graced the entrance door of the building which once belonged to the publisher Rizzoli and that Versace purchased in 1982 for the premises of his *maison de couture*. The female representation, with its classical, slightly androgynous features, very akin to Art Nouveau taste, was perfectly appropriate as a synonym of beauty and femininity and therefore for representing the Versace *studio*. In the graphic transposition the essentialness of the sign enhances the facial features and the thick head of hair, where tiny snakes and wings are skillfully concealed in an appealing decorative play. The female type is set in the disk framed by the geometry of the Greek fret.

Gianni Versace was well aware he had selected a forceful image and a symbol the collective imaginary could recognize. He chose it not only because it was already in the for-

na e strega ed è stata rielaborata anche da Gianni Versace, che, tra l'altro, l'ha adottata quale emblema della propria *maison*.

Talvolta capita che gli incontri apparentemente fortuiti rivelino delle consonanze profonde: la testa della Medusa abbelliva i battenti dei portoni d'ingresso del palazzo già dell'editore Rizzoli a Milano e acquistato da Versace nel 1982 per farne la sede della propria casa di moda. La raffigurazione femminile dai tratti classici e un po' androgini, molto vicina al gusto floreale, ben si prestava ad essere sinonimo della bellezza e della donna, quindi a rappresentare l'*atelier* Versace.

Nell'originale trasposizione grafica voluta dallo stilista l'essenzialità del segno esalta i tratti facciali e le folte chiome, dove abilmente sono nascosti serpentelli e ali con un piacevole gioco decorativo. Il tipo femminino è racchiuso entro il disco delineato dal tratto geometrico del meandro greco. Gianni Versace era consapevole di aver adottato un'immagine forte e un simbolo ben riconoscibile dall'immaginario collettivo. Lo aveva scelto non solo perché presente nell'edificio già della casa editrice e non solo perché rappresentava un legame con la sua terra d'origine, la Calabria ricordata e rivissuta come Magna Grecia, ma perché su questa

immagine si sono misurati l'orrido e il sublime come espressioni dell'arte, dall'antichità fino ai nostri giorni.

Molte sono le presenze nella collezione d'arte di Versace che raffigurano questo soggetto, ma una in particolare sottolinea come l'atto creativo si perpetua e rimane inalterato nel tempo. In un grande bozzetto disegnato su cartone, che campeggia all'ingresso degli uffici attuali della *maison* e databile alla prima metà del Novecento, è raffigurata la testa della Medusa tra due tondi laterali, dove compaiono i motti ARS LONGA e VITA BREVIS, a ribadire che l'arte si impone sulla caducità delle cose.

Versace e l'arte: un incontro non casuale ma una specie di "incantamento", perché la creatività dell'uomo genera un cortocircuito di segni e significati ed essi si arricchiscono via via che si trasmettono dal creatore al fruitore. Nel caso Versace spesso la tradizione è rivisitata e interpretata in chiave attualizzata, talvolta è invece il rapporto stretto con la contemporaneità a produrre sia nel campo della moda che in quello artistico gli esiti migliori.

Ci si augura che questo legame forte e questa sperimentazione produttiva non vadano disperse, ma che di questa ricerca e creatività rimanga testimonianza indelebile e permanente.

MICHELANGELO PISTOLETTO, *Gianni Versace*, 1996

mer publishing firm building or because it represented a tie to his birthplace, Calabria, remembered and re-experienced as Magna Grecia, but also because in that image the horrible and the sublime vied with one another as expressions of art, from Antiquity up to our day.

In Versace's art collection that subject is very present, but one item in particular underscores the constant renewal and the permanency of the creative act. In a large sketch drawn on cardboard, overlooking the entrance of the present offices of the *maison* and datable to the first half of the twentieth century, the Medusa head is represented between two lateral tondos featuring the mottoes ARS LONGA and VITA BREVIS, reaffirming that what is art is mightier that the transience of things.

Versace and art: not a random meeting but a kind of

"magic", because human creativity generates a short circuit of signs and meanings, which are enriched as they are conveyed from the creator to the beneficiary. In Versace's case, tradition was often revisited and interpreted from an updated viewpoint, yet sometimes on the other hand the close connection with contemporaneity produced the best results both in the field of fashion and in that of art. We hope that strong bond and that productive experimentation will not be lost, but will remain an indelible, lasting testimony of that research and creativity.

Medusa. Una *griffe* che viene da lontano

Francesca Morandini

Occhi dardeggianti e fatali, capelli seducenti che nascondono il veleno di due serpenti: questo basta per rendere Medusa.

Nella mitologia greca è una delle tre Gorgoni, sorella di Steno ed Euriale, figlie di Focide e Ceto, due divinità marine; delle sorelle solamente lei è mortale ed è lei che diviene, nelle leggende e nell'iconografia, la Gorgone per eccellenza.

I tre mostri hanno un aspetto ripugnante, la testa circondata da serpenti tra folti capelli, grosse zanne che si allungano dalla bocca sguaiata, mani di bronzo, ali d'oro, ma soprattutto uno sguardo intenso e profondo che pietrifica chiunque lo incroci. Risiedono all'estremo occidentale del mondo, vicino al paese delle Esperidi e al regno degli Inferi, temute da mortali e immortali.

Solo Poseidone non teme di unirsi a Medusa, rendendola incinta.

La morte giunge a Medusa per mano di Perseo che, istigato dalla dea Atena e da Polidette, tiranno di Serifo, riesce a decapitarla mentre dorme nel suo nido con le sorelle. L'eroe, consapevole della fatalità di quello sguardo, per affrontare il mostro si avvale dello scudo, lucido come uno specchio, evitando così di incrociare direttamente gli occhi mortiferi.

Frutto dell'unione con Poseidone, dal collo reciso di Medusa nascono Pegaso, il cavallo alato, e Crisaore, l'uomo dalla spada d'oro, che sarà poi il padre di Gerione, nemico di Eracle.

Perseo dona poi la testa di Medusa ad Atena, che la appone all'Egida sfruttando così il potere protettivo dello sguardo mostruoso contro i nemici, sopravvissuto alla morte di Medusa stessa. Secondo un'altra versione del mito, la testa di Medusa doveva essere sepolta nell'*agorà* di Argo.

Perseo raccoglie poi il sangue sgorgato dal taglio inferto a

Lastra fittile dell'Athenaion di Siracusa, 570-550 a.C. - Terra cotta slab from the temple of Athena in Syracuse, 570-550 B.C.

Medusa. A label with a past

Francesca Morandini

Darting, fatal eyes, alluring hair concealing the venom of two serpents: the essence of Medusa.

In Greek mythology she is one of the three Gorgons, the sister of Stheno and Euryale, daughters of two sea deities, Phorcys and Ceto. Of the sisters she alone is mortal, and in the legends and iconography she is the Gorgon par excellence.

The appearance of the three monsters is repulsive, with entwined serpents wound around their head amidst an abundant head of hair, long fangs protruding from an unseemly mouth, hands of bronze, but above all an intense, deep gaze that turns to stone whoever meets it. They live at the Western extremity of the Earth, near the land of the Hesperides and the kingdom of the underworld, equally feared by mortals and immortals.

Poseidon alone was not afraid of approaching Medusa, and she became pregnant.

Medusa was slain by Perseus. Inspired by the goddess Athena and Polydectus, tyrant of Seriphus, he succeeded in beheading her while she was sleeping in her nest with her sisters. To confront the monster, the hero, aware of the fatal danger of her gaze, used the shield, as bright as a mirror, to avoid meeting directly her deadly eyes.

The twofold fruit of her union with Poseidon, Pegasus, the winged horse, and Chrysaor, the man with the golden sword who became the father of Geryon, Herakles' enemy, sprang from Medusa's decapitated neck.

Then Perseus gave Medusa's head to Athena. She fixed it on the Aegis, to use against enemies the protective power of the monstrous gaze that outlived Medusa. In another version of the myth, Medusa's head was buried in the *agora* of Argos.

Perseus then gathered the blood flowing from Medusa's wound: the stream of blood gushing from the left vein was

Medusa: il fiotto che sgorga dalla vena sinistra è un veleno mortale, quello della vena destra ha invece il potere di risuscitare i morti. L'ambivalenza della forza di Medusa è icasticamente resa da questo passo del mito: da un lato il potere di dare la morte e dall'altro quello taumaturgico, di riportare alla vita. Proprietà offensive e protettive indissolubilmente connesse.

La leggenda di questa Gorgone nel corso dei secoli subì un'evoluzione di significato che si riscontra con una certa fedeltà nelle sue riproduzioni, determinando l'esistenza di differenti modelli iconografici. In età arcaica era infatti ritenuta un mostro inavvicinabile, appartenente alla generazione degli dei preolimpici; successivamente assunse nella leggenda il ruolo della vittima. In origine doveva essere infatti una ragazza di bell'aspetto che, a seguito della sua *vanitas*, venne punita; la tradizione è divisa sui motivi

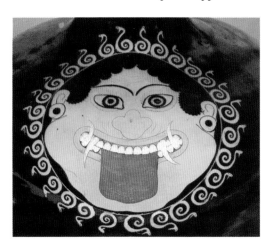

possibili di questo provvedimento divino: fiera della sua capigliatura aveva osato rivaleggiare con Atena, che la punì tramutando i suoi capelli in serpenti oppure, presa da Poseidone all'interno di un tempio dedicato ad Atena, venne castigata da questa per la profanazione del suo spazio sacro.

Le prime rappresentazioni di Medusa risalgono all'VIII secolo a.C. e la raffigurano con tratti mostruosi, molto variabili e non ancora codificati come avverrà successivamente, ma con le sole costanti della visione frontale e degli occhi grandi e spalancati. Dalla bocca talvolta fuoriescono zanne ferine. Dal VII secolo le raffigurazioni si infittiscono e ne viene definita una tipologia più rigida: l'aspetto ripugnante viene caricato dalla smorfia della bocca, con zanne, dalla quale esce una lunga lingua; i capelli sono

HYDRIA A FIGURE ROSSE, FINE DEL VI SECOLO A.C. - RED-FIGURE HYDRIA, END OF THE SIXTH CENTURY B.C.

a deadly poison, while that of the right vein had the power to raise the dead. The ambivalence of Medusa's power was graphically rendered by that passage of the myth: on the one hand the power to give death, and on the other the thaumaturgic one of bringing back to life. Inseparable offensive and protective properties.

Over the centuries the signification of the legend of this Gorgon underwent an evolution reflected with some accuracy in its reproductions and spawning various iconographic models. In the archaic period she was considered an unapproachable monster, belonging to the generation of the pre-Olympian gods. Subsequently the legend gave her the role of victim. Initially she must have been a good-looking girl who was punished for her *vanitas*. Tradition is divided on the possible reasons for that divine measure: proud of her flowing locks she dared vie with Athena, who punished her by turning her hair into serpents, or else, ravished by Poseidon inside the temple consecrated to Athena, she was chastised by her for the profanation of her sacred place.

The earliest representations of Medusa go back to the eighth century B.C. They depict her with monstrous,

extremely variable features, still not codified as they were later, yet with the sole constant presence of the frontal view and big, wide-open eyes. Sometimes large feral fangs protrude from her mouth.

In the seventh century B.C. there were more and more representations and their typology became more stereotyped: the repulsive aspect is emphasized by the grimace of the mouth, with fangs and a long tongue hanging out; the hair is arranged in long curly locks intertwined with two serpents rising from the chin. When the figure is full-length, she is usually running, with her knees bent (the so-called "race on one's knees"), and the wings, two or four, are shown as well. Images of Medusa between the seventh and sixth century B.C. are on various supports, especially Corinthian, Attic black-figure and also red-figure vases (after the late sixth century B.C.), in the earthenware sculptures (terra cotta) of sacred edifices, on coins. Perseus as well appears beside Medusa, as attested on proto-Attic black-figure vases and pottery figures as of precisely the seventh century B.C. Frequently the head alone is reproduced, Medusa's major feature, frequently utilized as a simple but significant decorative element. It very often appears on shields, with an apotropaic value as a victorious force

scomposti in ampi riccioli, tra i quali si insinuano due serpenti che salgono dal mento. Se la figura è intera, normalmente è in corsa, con le ginocchia fortemente ripiegate (la cosiddetta "corsa uncinata"), e vengono rappresentate anche le ali, in numero di due o quattro. Le immagini di Medusa tra VII e VI secolo vengono declinate su diversi supporti, soprattutto su vasi corinzi, attici a figure nere e anche a figure rosse (dalla fine del VI), nelle sculture in terracotta degli edifici sacri, su monete. Accanto a Medusa compare anche Perseo; ce ne danno testimonianza vasi protoattici a figure nere e figure fittili a partire proprio dal VII secolo a.C. Spesso viene riprodotta solamente la testa, l'elemento forte di Medusa, molto utilizzato come semplice ma pregnante elemento decorativo; ricorre con grande frequenza su scudi, con valore apotropaico vincente contro i nemici, e sulle antefisse fittili dei templi.

Dal V secolo in poi la figura mostruosa rimarrà isolata nelle riproduzioni dello scudo di Atena, caposaldo della rappresentazione mitologica, mentre nel resto delle raffigurazioni il soggetto di Medusa viene reso meno terrificante, più umano e addolcito. È infatti rappresentata come una giovane donna, spesso carica di sensualità, con il solo tratto ferino dei serpenti nei capelli.

In età ellenistica (IV-I secolo a.C.) la grande disinvoltura creativa che investe ogni produzione artistica rende il tema di Medusa ampiamente utilizzato con diverse sfumature, declinato su un'infinità di materiali quali mosaico, affresco, terracotta, gemme, avori, monete, lucerne, vetri e sarcofagi. In età romana si assiste alla rielaborazione di tipi già sviluppati in precedenza, tutti fortemente ancorati al valore protettivo di questa figura, utilizzata spesso, se non sempre, in virtù del suo potere apotropaico[1].

Medusa Rondanini, età romana - *Rondanini Medusa*, Roman age

against enemies, and on the earthenware antefixes of temples.

After the fifth century the monstrous figure remained isolated in reproductions of Athena's shield, the crux of the mythological tale, whereas in other representations the subject of Medusa was rendered less terrifying, more human, gentler. She was actually depicted as a young woman, often very sensuous, her only fierce trait being the serpents in her hair.

In the Hellenistic period (fourth-first century B.C.) the great creative flexibility in every artistic production resulted in a wide use of the Medusa theme with different shades of meaning, appearing in an infinity of materials such as mosaics, frescoes, terra cotta, gems, ivories, coins, oil lamps, glassware, and sarcophagi. In Roman times the typologies developed previously were re-elaborated, all being rooted in the protective value of this figure often, if not always, used for its apotropaic virtues[1].

With Christianity the image of Medusa was used to embody the devil, then in the subsequent centuries it focused the anxieties and uncertainties of the different historical periods. It is actually one of the most long-lasting images in artistic representations. The fatality of her gaze belongs to a rich group of fables and myths of Western culture, in which looking at something forbidden or looking backward exposed the protagonists to the greatest danger. See for example Ham who turned back to see his naked father, or else Loth's wife, who because she wanted to see Sodoma was turned into a statue of salt, or again Orpheus, who would not give up turning his loving gaze back toward Eurydice before restoring her to the world of the living.

The myth of the Gorgon gives a form to man's impulse to look at what is forbidden, even if he knows that gesture can cause death[2].

[1] J. Floren, *Studien zur Typologie des Gorgoneion*, Münster 1977; A. Giuliano, see "Gorgone", in *Enciclopedia dell'arte antica*, vol. III, Istituto dell'Enciclopedia italiana, Rome 1960, pp. 982-985; O. Paoletti, s.v. *Gorgones romanae*, in *LIMC*, IV, pp. 345-362; see "Gorgone", in *Enciclopedia dei miti*, Brescia 1987, pp. 317-318.
[2] J. Clair, *Medusa. L'orrido e il sublime nell'arte*, Milan 1989.

Con il cristianesimo l'immagine di Medusa venne utilizzata a significare l'incarnazione del demonio, per poi proseguire nei secoli successivi ad accogliere angosce e incertezze dei diversi periodi storici. Costituisce, infatti, una delle immagini che ha avuto vita lunghissima nelle raffigurazioni artistiche e la fatalità del suo sguardo si ritrova in un nutrito gruppo di favole e miti della cultura occidentale, nei quali il guardare qualcosa di proibito o il voltarsi indietro espone i protagonisti al pericolo più alto; si vedano ad esempio Cam, che si volta per vedere suo padre nudo, oppure la moglie di Lot, che per aver voluto vedere Sodoma viene trasformata in una statua di sale, oppure ancora Orfeo, che non rinuncia a rivolgere il suo sguardo carico d'amore a Euridice prima di averla restituita al mondo dei vivi.

Il mito della Gorgone dà forma alla pulsione dell'uomo a guardare ciò che è proibito, pur sapendo che tale gesto può condurre alla morte[2].

[1] J. Floren, *Studien zur Typologie des Gorgoneion*, Münster 1977; A. Giuliano, s. v. *Gorgone*, in *Enciclopedia dell'arte antica*, vol. III, Istituto dell'Enciclopedia italiana, Roma, 1960, pp. 982-985; O. Paoletti, s.v. *Gorgones romanae*, in *LIMC*, IV, pp. 345-362; s. v. *Gorgone*, in *Enciclopedia dei miti*, Brescia 1987, pp. 317-318.
[2] J. Clair, *Medusa. L'orrido e il sublime nell'arte*, Milano 1989.

ANTONIO CANOVA, *Perseo con testa di Medusa*, 1804-06
NEW YORK, METROPOLITAN MUSEUM
ANTONIO CANOVA, *Perseus with Medusa head*, 1804-06
NEW YORK, METROPOLITAN MUSEUM

CARAVAGGIO, *Scudo con Medusa*, 1598 - FIRENZE, UFFIZI
CARAVAGGIO, *Shield with Medusa*, 1598 - FLORENCE, UFFIZI

Catalogo / Catalogue

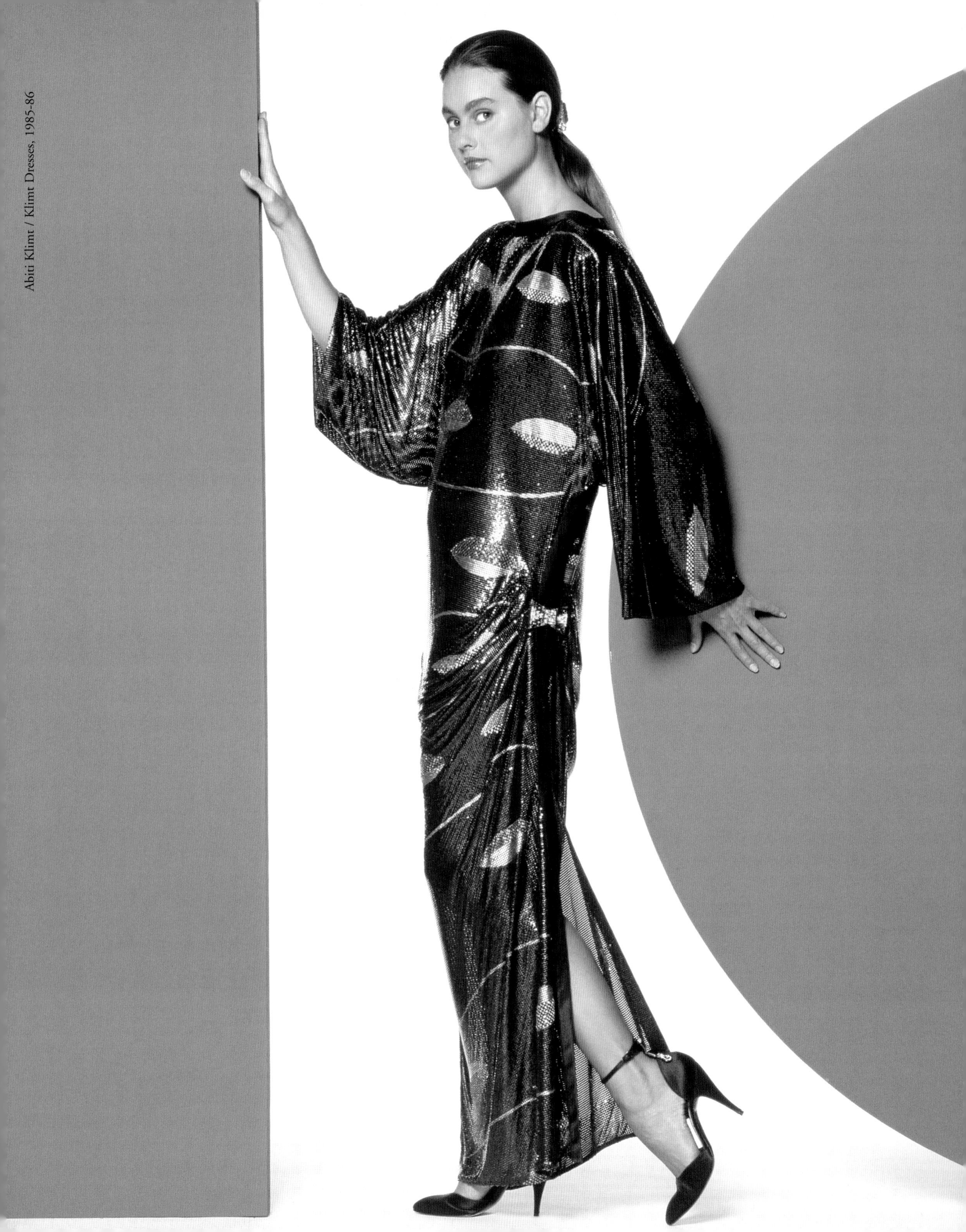

Abiti Klimt / Klimt Dresses, 1985-86

L'antico / La forma

Antiquity / Form

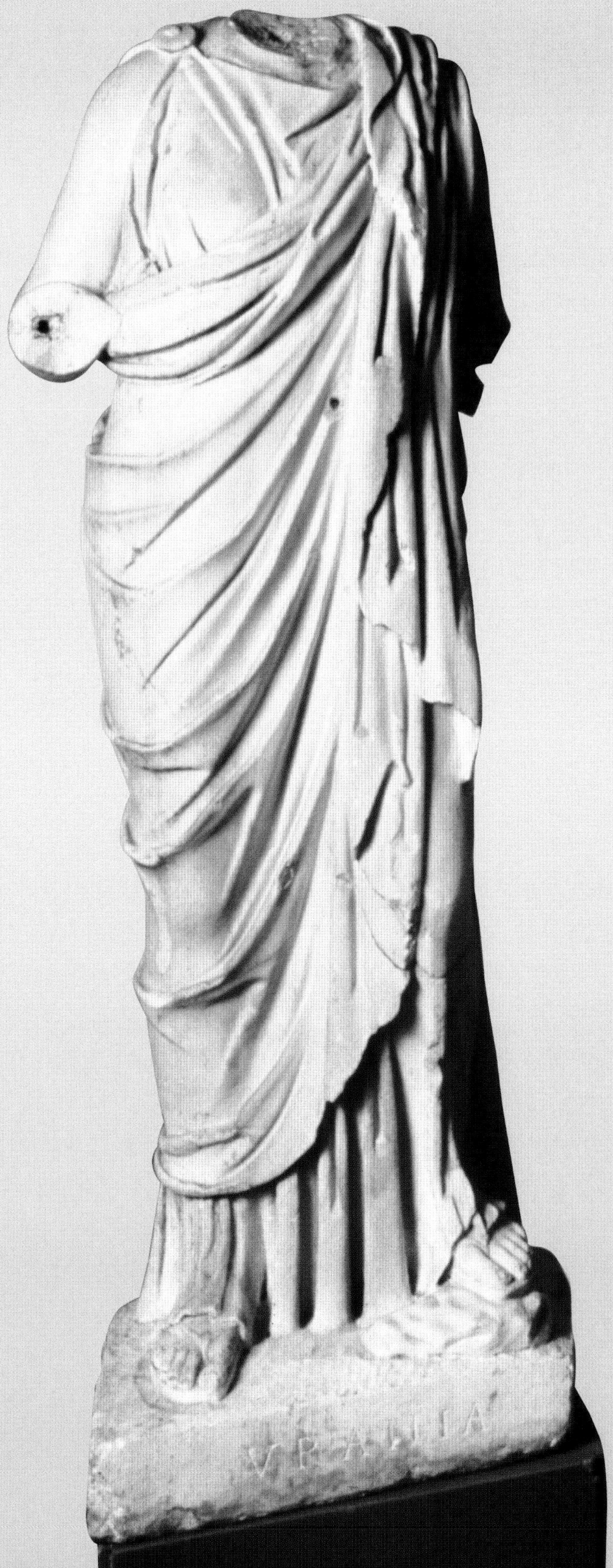

Statua di Urania / Statue of Urania, cat n. 2

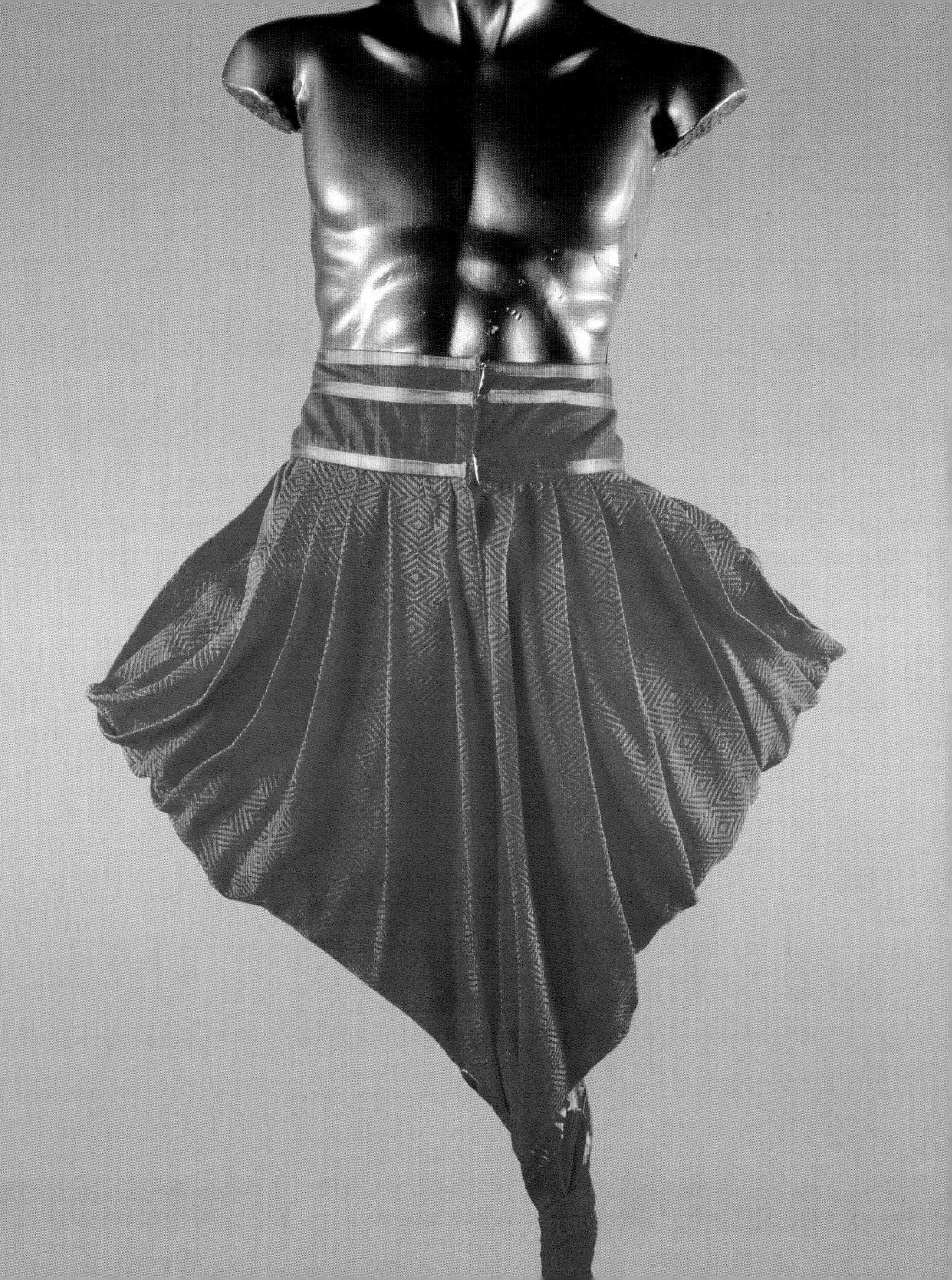

Dionysos / Dionysus, **cat n. 7**

Sarcofago con danza tra satiri e menadi / Sarcophagus with dancing satyrs and maenads, **cat n. 10**

L'iconografia di Medusa

Iconography of Medusa

Applique con volto di Medusa / Sconce with Medusa face, **cat n. 14** - Borchia con volto di Medusa / Stud with Medusa face, **cat n. 15**

Lucerna con volto di Medusa / Oil lamp with face of Medusa, **cat n. 13**

Testa in bronzo di Medusa / Bronze head of Medusa, **cat n. 17**

Dal Rinascimento all'Ottocento Colore e forma

From Renaissance to Nineteenth Century Color and Form

Giubbotto in pelle e maglia di metallo / Leather and metallic chain-mail jacket, **cat n. 22**

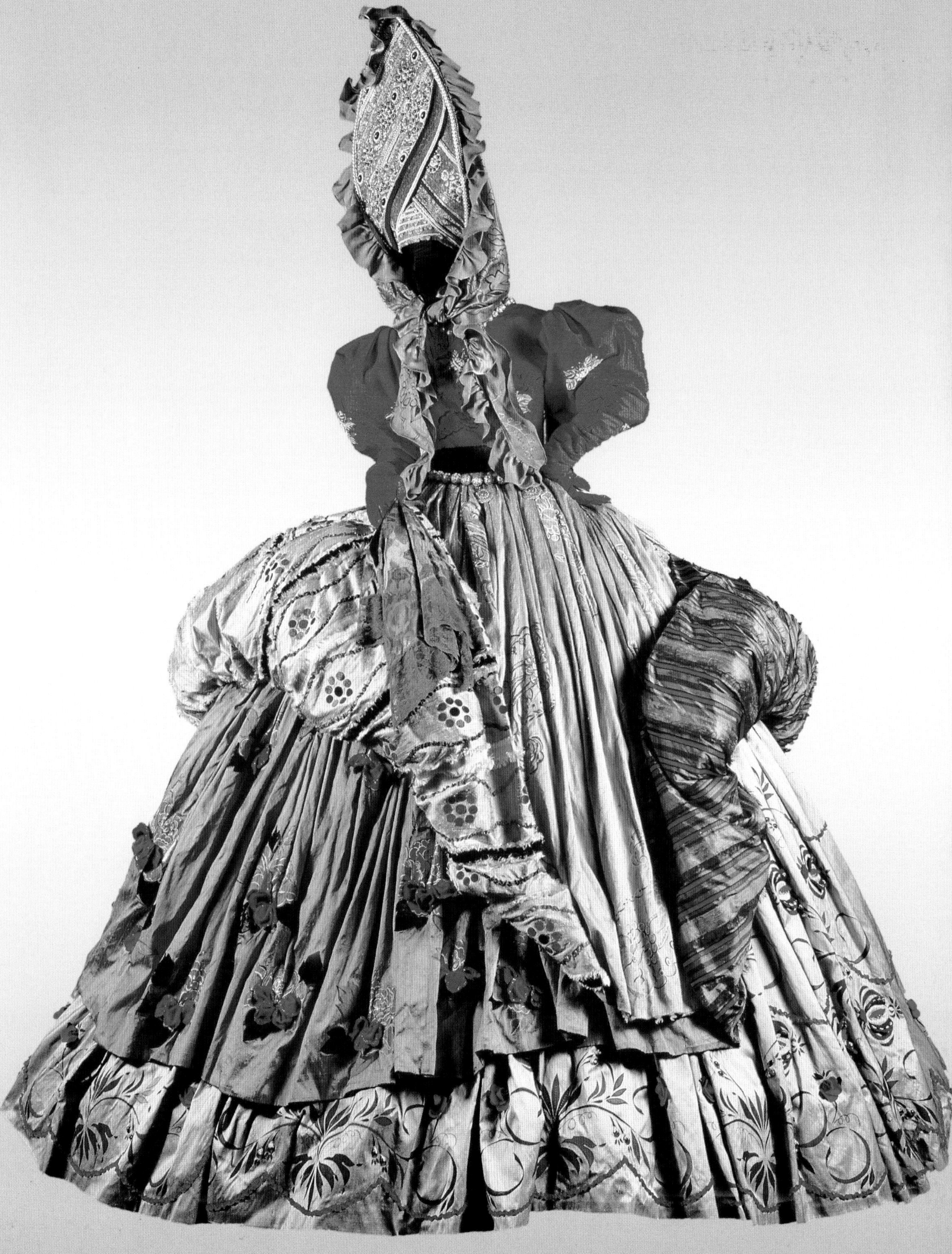

Abito Matrioska / Matrioska dress, **cat n. 26**

T-shirt in metallo e pantalone in pelle / Metal T-shirt and leather trousers, **cat n. 27**

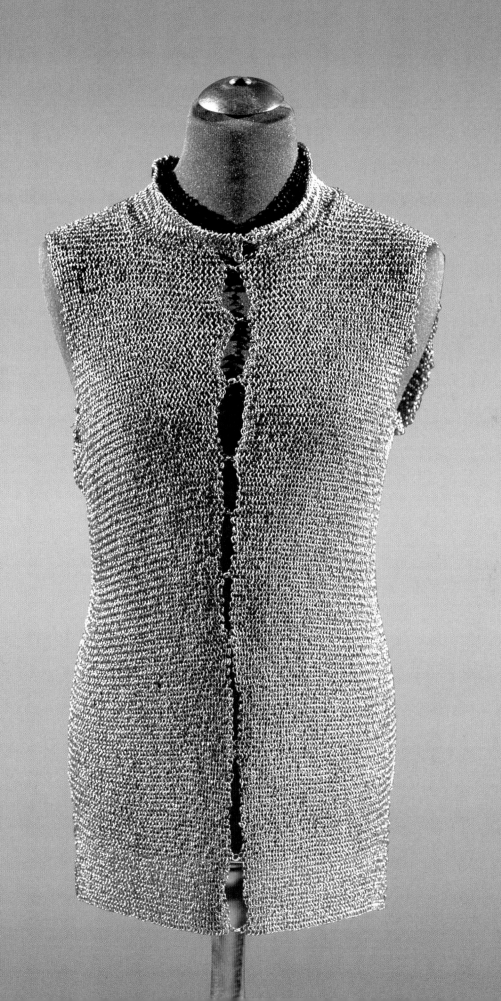

L'arte contemporanea Warhol, Delaunay, Dine e Calder

Contemporary Art Warhol, Delaunay, Dine, and Calder

+ BODY

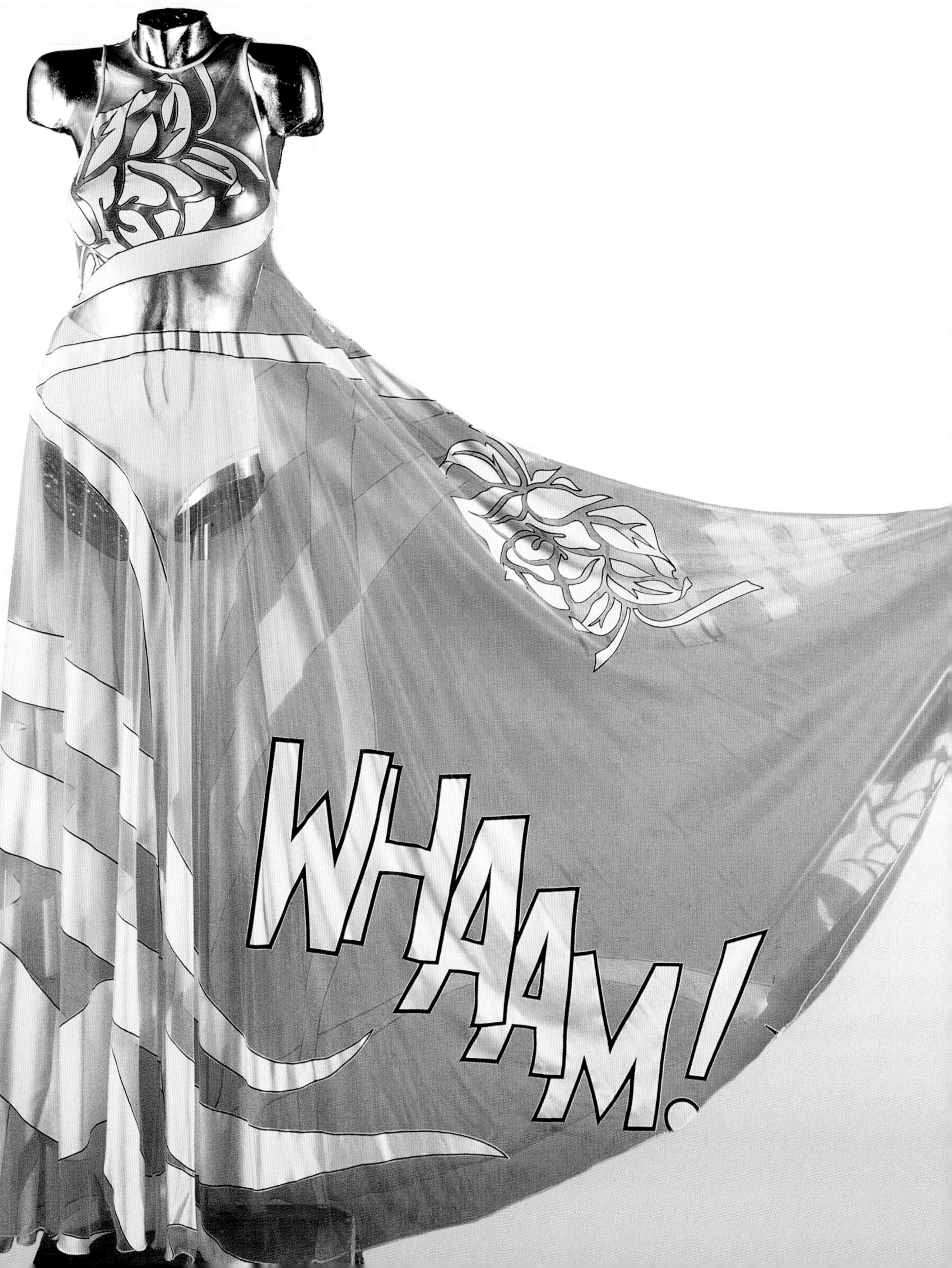

Abito WHAAM / WHAAM dress, **cat n. 37**

Completo pop Linda Evangelista / Linda Evangelista Pop suit, **cat n. 39**

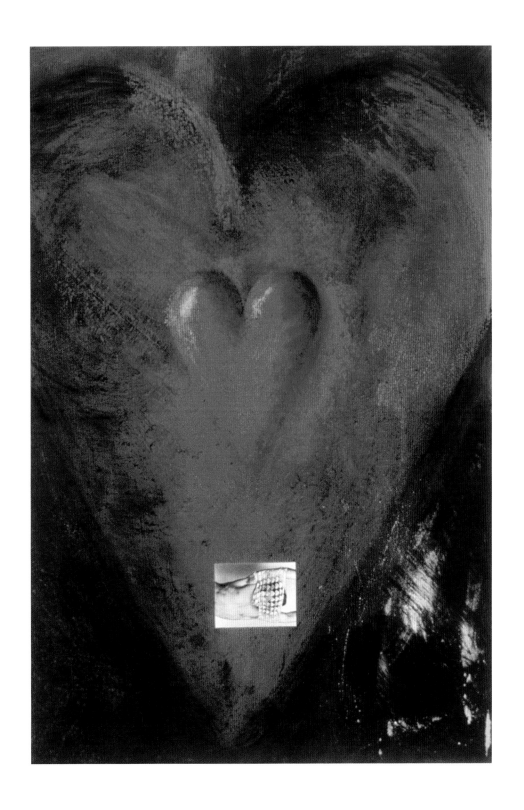

Schede delle opere / Entries

Margherita Bolla (M.B.)
Luigina Bortolatto (L.B.)
Massimiliano Capella (M.C.)
Raffaella Fontanarossa (R.F.)
Claudio Giorgione (C.G.)
Mauro Lucco (M.L.)
Francesca Morandini (F.M.)
Barbara Musetti (B.M.)
Ennio Pouchard (E.P.)
Elisa Zambonin (E.Z.)
Pietro Zampetti (P.Z.)

L'antico / La forma
Antiquity / Form

1. Abito rosa / Pink dress
Autunno-inverno / Fall-Winter
1997-98

Abito da sera in *jersey* di seta rosa con gioco di pieghe drappeggiate a sottolineare il seno e lasciate libere e sciolte sul fianco fino all'orlo. Interessante l'asimmetria della scollatura che accarezza il collo e al tempo stesso enfatizza morbidamente il busto.

Evening gown in pink silk jersey with a play of draped pleats underlining the bosom and falling freely along the hips down to the hemline. An interesting asymmetry in the neckline that caresses the neck while subtly emphasizing the bust.

2. Statua di Urania / Statue of Urania
Marmo bianco a grana fine,
h complessiva 114 cm
Collezione Versace, inv. n. 0602

Fine-grained white marble,
overall height 114 cm
Versace collection, inv. n. 0602

Urania è abbigliata con un chiton *riccamente pieghettato che le avvolge delicatamente il corpo, seguendo una foggia tipicamente ionica. La veste è arricchita dalla sopravveste in lino o cotone, l'*himation. *Il* chiton *è fissato sulla spalla destra da una fibula, secondo una moda utilizzata nel mondo antico solitamente per le classi più agiate. Ai piedi si individua la tipologia dei calzari di semplice fattura,* solae*, sandalo con un listello di cuoio che passava tra l'alluce e il secondo dito, allacciato alla caviglia con una fascetta.*
(M.C.)

La figura femminile stante, acefala e priva di entrambe le braccia, di dimensioni inferiori al naturale, tiene il piede sinistro, calzato in un sandalo, appoggiato su un rialzo roccioso del terreno; la postura conferisce al corpo un leggero disassamento che determina la sporgenza dell'anca destra e enfatizza con un ricco panneggio la caduta delle vesti.
Il modello a cui è ispirata questa statua sembra identificabile nell'Afrodite Urania di Fidia, realizzata in avorio e oro intorno al 425 a.C.; da essa derivano la gamba sinistra flessa e

rialzata e l'andamento del mantello che copre la figura; al di sotto del piede non c'è però la tartaruga, presente nell'originale fidaico, bensì un rilievo roccioso del terreno che ricorre in altre statue dedicate alla dea.
La statua presenta alcune incongruenze iconografiche che, pur non compromettendo il gradevole esito finale, nel quale viene enfatizzata la ricchezza delle vesti, la allontanano dai modelli classici di riferimento. Il mantello che ricade dalla spalla ha un andamento incoerente e le forme della gamba sinistra, flessa, risultano piuttosto innaturali, più vicine a volumi geometrici piuttosto che ad una resa naturale della figura divina.
(F.M.)

Urania wears a richly pleated chitone *which delicately envelops her body, in the typical Ionian style. The garment is enhanced by the cotton or linen cloak, the* himation.
The chitone *is attached on the right shoulder with a fibula, in keeping with a fashion in Antiquity usually adopted by the well-to-do classes.
On the feet we recognize the typology of simply crafted footwear, Solae, a sandal with a leather thong between the hallux and the second toe, laced around the ankle with a narrow band.*
(M.C.)

The standing female figure, headless and lacking both arms, smaller than life-size, rests her sandaled left foot on a rocky rise of the land. Her pose puts the body slightly off balance, swaying her right hip and emphasizing the fall of the richly draped garment. The model this statue appears to take as its source may be ascribable to the Aphrodite Urania by Phidias, carved in ivory and gold circa 425 B.C.: we recognize the bent raised left leg and the shape of the overdress enveloping the figure. But under the foot the turtle in the original by Phidias is missing, while in its stead there is a rocky outcrop which appears in other statues consecrated to the goddess.

The statue features a few iconographic incongruities. Without compromising the pleasing outcome, which emphasizes the richness of the garments, they set it apart from reference classical models. The movement of the mantle falling from the shoulder is incoherent and the forms of the bent left leg look somewhat unnatural, more like geometric volumes than a natural rendering of the divine figure.
(F.M.)

3. Abito azzurro / Blue dress
Primavera-estate / Spring-Summer
1995

Abito da sera in *jersey* sintetico celeste drappeggiato e pieghettato, con orlo asimmetrico. In questa inconfondibile creazione Versace dimostra notevole abilità nel rispettare la storia, pur erotizzandola e rappresentandola in modo iperbolico e indimenticabile.

Evening gown in light blue synthetic jersey, draped and pleated, with an asymmetrical hemline. In this unmistakable creation Versace displays his remarkable capacity to be faithful to history, yet eroticizing it and representing it in a hyperbolic, unforgettable way.

4. Anfora a figure rosse / Red-figure amphora
Terracotta, h 50,5 cm;
Ø orlo 13,5 cm; base 13,5 cm
Brescia, Musei Civici d'Arte e Storia, inv. n. MR83
Provenienza: dono Fausto Massimini, già collezione Zanardelli

Terra cotta, height 50.5 cm; Ø lip 13.5 cm; Ø base 13.5 cm
Brescia, Musei Civici d'Arte e Storia, inv. n. MR83
Provenance: gift of Fausto Massimini, formerly Zanardelli collection

I ricchi motivi ornamentali sottolineano la tettonica di questo vaso, realizzato con argilla arancione ben depurata e rivestito di vernice nera opaca. Oltre alla decorazione figurata, che si sviluppa su quasi tutta la pancia dell'anfora, una serie di registri a scansione geometrica e vegetale enfatizzano in particolare il collo; si susseguono una sequenza di palmette, baccellature, una greca semplice e, verso l'orlo, una fila di onde correnti. Una greca analoga a quella presente sul collo delimita verso il basso lo spazio decorato e due palmette contrapposte in corrispondenza delle anse lo dividono in due riquadri distinti.
Lato A: un giovane nudo è seduto al centro della metopa e tiene nella mano destra una corona di foglie, forse di ulivo; in alto a destra è appesa una banda. L'appoggio sul quale è accomodato il ragazzo non è dipinto, ma se ne percepisce vagamente il volume grazie alle pieghe del mantello, che lo ricopre. Alcuni rami stilizzati connotano lo scenario naturale.

Lato B: un giovane nudo, seduto, tiene nella mano destra, con il braccio disteso, un elmo con cimiero e nella sinistra una lancia, appoggiata a terra. Anche in questo caso l'appoggio del giovane non è riprodotto e in corrispondenza di esso ricadono le pieghe del mantello. Uno scudo è disposto obliquamente e una piccola croce è dipinta in alto a destra.
L'anfora, di cui non è possibile ricostruire la provenienza, potrebbe appartenere alla produzione lucana del IV secolo a.C.
(F.M.)

The rich ornamental motifs underscore the tectonics of this vase, wrought in well-refined orange clay and coated with opaque black glaze. In addition to the figured decoration covering almost the entire body of the amphora, a set of geometric and plant registers notably emphasize the neck, unfolding a sequence of palmettes, pods, a plain Greek fret, and toward the lip, a row of continuous waves. A Greek fret similar to the one on the neck limits at the bottom the decorated area which two facing palmettes level with the handles divide in two distinct frames.
Face A: a nude youth is seated at the center of the metope, holding in his right hand a wreath of leaves, perhaps olive; at upper right hangs a fascia. The seat the boy rests on is not painted, but its volumes can be made out thanks to the folds of the cloak he is wearing. A few stylized branches denote the natural setting.
Face B: a nude seated youth is holding in his right hand, arm outstretched, a helmet with a crest, and in his left a spear, resting on the ground. Here as well the youth's seat is not reproduced and the folds of the cloak correspond to it. A shield is placed obliquely and a small cross is painted in upper right.
The amphora, the provenance of which cannot be ascertained, could belong to the fourth-century B.C. Lucanian production.
(F.M.)

5. Anfora a figure rosse / Red-figure amphora
Terracotta, h 34,5 cm;
Ø orlo 14,3 cm
Brescia, Musei Civici d'Arte e Storia, inv. n. MR17
Provenienza: collezione Mussolini

Terra cotta, height 34.5 cm; Ø lip 14.3 cm
Brescia, Musei Civici d'Arte e Storia, inv. n. MR17
Provenance: Mussolini collection

L'anfora presenta il corpo ceramico di colore arancione, compatto e ben depurato; è rivestita di vernice nera lucida, in alcune parti rossastra per la cottura.
La decorazione, a figure rosse risparmiate su fondo nero, è costituita da due scene essenziali, disposte in corrispondenza dello spazio tra le anse, sottolineate da palmette, e si appoggia ad un meandro orizzontale continuo, che ne costituisce la linea di base.
Lato A: una donna vestita con un *himation* molto ricco, gonfio di pieghe, e con *chiton*, porge un uomo ammantato un'*oinochoe*, facendo un ampio gesto di invito con il braccio sinistro. Tra le due figure c'è un altare a volute che segnala la sacralità della scena. Con sottili tratti neri sono resi i dettagli delle figure, dove grande attenzione è riservata al panneggio delle vesti.
Lato B: un uomo stante, coperto da un pesante mantello, è appoggiato ad un lungo bastone.
L'anfora, di cui è sconosciuta la provenienza, potrebbe essere un esemplare attico del V secolo a.C.
(F.M.)

The body of the amphora is an orange, compact, well-refined earthenware. It is coated with a shiny black glaze, in several places reddened by firing.

The decoration, with reserved red figures on a black ground, consists of two essential scenes, arranged in the space between the handles, underscored by palmettes, and is framed by a continuous horizontal meander forming its base line.

Face A: a woman wearing a very rich *himation*, with bulging pleats, and a *chiton*, presents an *oinochoe* to a cloaked man, gesturing invitingly with her left arm. Between the two figures there is a scrolled altar showing the sacred character of the scene. Thin black lines render the details of the figures, in which a great deal of attention is devoted to the draperies of the garments.

Face B: a standing man, wrapped in a heavy cloak, leans on a long cane.

The amphora, the provenance of which is unknown, may be a fifth-century B.C. Attic exemplar.
(F.M.)

6. Testa di atleta / Head of an athlete

Marmo bianco a grana media, h 26 cm
Brescia, Musei Civici d'Arte e Storia, inv. n. MR72
Provenienza: ignota, in Museo dal 1838

Medium-grained white marble, height 26 cm
Brescia, Musei Civici d'Arte e Storia, inv. n. MR72
Provenance: unknown, in the museum since 1838

L'ovale perfetto di questo volto e i tratti nitidi e puliti rimandano con immediatezza all'ideale greco dell'atleta. Gli occhi sono ampi e perfetti, il taglio del naso è ben definito, ma non duro, le labbra carnose e leggermente dischiuse, quasi ad accennare un sorriso; l'epidermide è tersa e tesa; le mascelle forti; le orecchie sono ben disegnate. I capelli sono corti, radenti al capo, come si addice a chi segue una disciplina sportiva, trattenuti da un cercine annodato sulla nuca; le brevi ciocche sono disegnate con grande calligrafia e si gonfiano in modo appena sensibile per la pressione del sottile nastro.

Il nitore delle superfici è enfatizzato dal marmo bianco a grana fine, sapientemente scelto dallo scultore, probabilmente impegnato a tradurre in questo materiale un originale greco in bronzo; i dettagli dell'archetipo sono resi con scrupolo e naturalezza, dalla ciocca davanti all'orecchio, ai solchi dei ciuffi sul capo. L'o-pera da cui prende spunto questa splendida testa poteva inserirsi pienamente nel cosiddetto "stile severo", da collocare in Grecia nella prima metà del V secolo a.C., e la suggestione dell'impostazione generale, ma anche di taluni dettagli, porta ad evocare l'abilità di Mirone. Infatti nello scorcio a cavallo della metà del V secolo a.C. questo artista produsse in bronzo numerose figure di atleti, di cui oggi possediamo solo copie di età romana. Difficile resta la definizione del periodo e dell'occasione nella quale è stata realizzata questa pregevole scultura.
(F.M.)

The perfect oval of this face and the clear, distinct features instantly call to mind the Greek ideal of the athlete. The eyes are large and perfect, the line of the nose is well defined but not hard, the lips fleshy and partly open, almost as about to smile; the skin is firm and tight; the jaws are strong, the ears nicely formed. The hair is short, close to the skull, as for someone practicing a sport, held in a band knotted on the nape; the short locks are drawn with expert calligraphy, bulging almost imperceptibly under the pressure of the narrow band. The smoothness of the surfaces is stressed by the fine-grained white marble, knowingly chosen by the sculptor, doubtless seeking to transfer in this material a Greek original in bronze. In fact the details of the archetype are carefully and naturally rendered, from the lock of hair in front of the ear to the parted tufts of hair on the skull. The work from which this superb head may be derived could well belong to the so-called "severe style", dating to the first half of the fifth century B.C. in Greece, and the splendor of the overall aspect but also of several details point to Myron's skill. As a matter of fact in the period astride the mid-fifth century B.C. that artist produced many bronze figures of athletes, of which today we only have Roman copies. The definition of the period and the occasion in which this precious sculpture was made are difficult to establish.
(F.M.)

7. Dionysos / Dionysus

Costume realizzato per il balletto omonimo presentato in anteprima al Palazzo dello Sport di Milano il 9 giugno 1984 e successivamente al Teatro alla Scala e all'Opéra National de Bruxelles, con la coreografia e la regia di Maurice Béjart. Il pantalone è realizzato in *matelassé* di seta rossa, con vita alta in panno di lana e sottili bordi in raso.

Costume created for the homonymous ballet presented in preview at the Palazzo dello Sport in Milan, 9 June 1984, and subsequently at the Teatro alla Scala, and the Opéra National in Brussels, choreographed and directed by Maurice Béjart. The trousers are made of red quilted silk, with a high waist in woolen cloth and narrow satin trimming.

8. Oinochoe trilobata a figure nere / Black-figure trilobate oinochoe

Terracotta, h 22 cm; Ø del piede 8,3 cm
Brescia, Musei Civici d'Arte e Storia, inv. n. MR488
Provenienza: collezione Mussolini

Terra cotta, height 22 cm; Ø foot 8.3 cm
Brescia, Musei Civici d'Arte e Storia, inv. n. MR488
Provenance: Mussolini collection

Il corpo ceramico di questa brocca, impiegata durante il banchetto per versare vino, è in argilla arancione, compatta e ben depurata; la vernice di rivestimento è nera brillante. Il vaso presenta lacune sull'orlo, in corrispondenza del versatoio, sul collo e sul disco di base.
All'interno di una metopa rettangolare, estesa dalla base del collo sino a tre quarti circa della pancia, si concentra la decorazione, a figure nere su fondo rosso. È raffigurata una scena di banchetto che si svolge al di sotto di fronde vegetali rese in modo stilizzato: su una *klinè* (letto), riccamente decorata con volute e palmette e ricoperta di stoffe e cuscini, è adagiato un uomo vestito da un mantello ricamato con un motivo a stelle e con la testa cinta da una corona di foglie, probabilmente di edera. Un cane sta fedelmente al di sotto del letto mentre una donna porge all'uomo un'*oinochoe* (brocca) a collo lungo. A destra del campo metopale un'altra donna sembra accennare un passo di danza, alzando le braccia verso il

petto; una corona vegetale decora la testa di entrambe le donne. Le due figure femminili presentano il medesimo tipo di abito; si tratta di un peplo ricamato con lo stesso motivo a stelle della veste dell'uomo, trattenuto in vita da una stretta fascia che ferma ampie pieghe piatte, lunghe e geometriche.
I dettagli decorativi sono ottenuti mettendo in evidenza con tratti graffiti il colore arancione dell'argilla sottostante o sovradipingendo le figure nere con pittura bianca, usata anche per rendere il delicato incarnato femminile.
L'assenza di notizie sulla provenienza del vaso rende incerta la sua identificazione; potrebbe trattarsi di un esemplare attico, la cui produzione è da collocare tra il 530 e il 520 a.C.
(F.M.)

The earthenware body of this jug, used in banquet scenes for pouring wine, is made of compact refined orange clay; the black glaze coating is glossy. The vase has lacunae on the rim, near the spout, on the neck and the foot disc.
The black figure decoration on a red ground is inside a rectangular metope that goes from the base of the neck down to almost two-thirds of the body. It depicts a banquet scene unfolding beneath stylized plant foliage: on a *kliné* (couch), richly decorated with scrolls and palmettes and covered with fabrics and pillows, a man is reclining, dressed in a mantle embroidered with a star motif, wearing a wreath of leaves on his head, probably ivy. A dog lies faithfully under the couch while a woman presents a long-necked *oinochoe* (jug) to the man. On the right of the metope field another woman is about to perform a dance step, her arms raised to her breast; plant wreathes crown the two women's heads. Both female figures wear the same type of garment: an embroidered peplum, with the same star motif as the man's clothes, held at the waist by a narrow band retaining wide flat folds, long and geometric.

The ornamental details are treated with graffiti lines showing the orange color of the clay underneath, or else by over-painting the black figures with white paint, used to render the women's delicate flesh tones as well. The absence of data on the provenance of the vase makes its identification uncertain. It may be an Attic exemplar produced between 530 and 520 B.C.
(F.M.)

9. Abito giallo / Yellow dress
Autunno-inverno / Fall-Winter 1997-98

Abito da sera in *jersey* di *rayon* giallo e pelle nera

Evening gown in yellow rayon jersey and black leather

10. Sarcofago con danza tra satiri e menadi / Sarcophagus with dancing satyrs and maenads

Marmo bianco a grana media, larghezza 104 cm; h 81 cm; spessore cornice superiore 14 cm; spessore lastra 9,5 cm (tre frammenti ricomposti nel 1956)
Brescia, Santa Giulia. Museo della città, inv. n. MR134
Provenienza: rinvenimento occasionale del 1690 dal pavimento di una "vetusta cappella" esistente negli orti del monastero di Santa Giulia

Medium-grained white marble, width 104 cm; height 81 cm; depth upper cornice 14 cm; depth slab 9.5 cm (three fragments reconstructed in 1956)
Brescia, Santa Giulia. Museo della città, inv. n. MR134
Provenance: random find in 1690, from the pavement of an "ancient chapel" in the gardens of the Monastery of Santa Giulia

Il frammento apparteneva a un sarcofago prodotto all'inizio del III secolo d.C. da una delle numerose e rinomate botteghe attive in Attica, la regione di Atene, specializzate in questa tipologia di monumenti.
A rilievo è riprodotta una danza tra satiri e menadi, nella quale i corpi, conservati fino alla coscia, s'intrecciano assecondando il ritmo. Si tratta di demoni della natura e di donne indemoniate al seguito di Dioniso, il dio greco della vite, del vino e del delirio mistico.
Tra le figure maschili, nude, si rico-

nosce al limite sinistro del frammento un satiro adulto, con le orecchie a punta che sbucano tra le ciocche della capigliatura e una piccola coda, costituita da un ciuffo di crine al di sopra delle natiche. Sulle spalle è buttata una pelle di felino, con una zampa che ricade sulla schiena. I due satiri più giovani, anch'essi con orecchie a punta e coda, danzano avvinti a due menadi, delle quali ne è rimasta completa una soltanto. Il leggero panneggio sottolinea la sinuosità della posa, accentuata dalle braccia alzate e unite sopra il capo, per percuotere due piccoli cembali; la veste, trattenuta da un nastro sotto i seni, scende dalle spalle aprendosi sul corpo nudo. Sul lato destro s'intravede il panneggio dell'altra figura femminile, il cui braccio destro cinge la spalla dell'altro satiro.

Il bordo superiore non decorato e la resa sommaria di alcuni dettagli portano a ritenere il frammento relativo al lato posteriore della cassa del sarcofago. La datazione all'inizio del III secolo d.C. è indicata dalla presenza del solco continuo intorno alle figure, dalla forma del bordo superiore e dal fatto che alcune figure lo sormontano.
(F.M.)

The fragment belonged to a sarcophagus wrought in the early third century A.D. by one of the many renowned workshops in Attica, the Athens region, specialized in this type of monument.

A relief carving represents a dance of satyrs and maenads in which the bodies, preserved down to the calves, intertwine in time to the rhythm. These are daemons of nature and possessed women following Dionysus, the Greek god of the vine, of wine, and mystical ecstasy.

Among the nude male figures, we identify on the left edge an adult satyr with pointed ears sticking out of his locks of hair and a short tail, formed by a tuft of hair above the buttocks. He has a feline hide thrown over his shoulders, with a paw hanging down his back. The two younger satyrs, with pointed ears and tail as well, dance close to two maenads, only one of whom is still whole. The light drapery underscores the sinuosity of the pose, accentuated by the arms raised and joined above the head to strike two small cymbals: the garment, held by a ribbon under the breasts, falls from the shoulders revealing the nude body. On the right side you can see part of the drapery of the other female figure, whose right arm is around the shoulder of the other satyr.

The plain upper edge and summary rendering of several details lead us to believe that the fragment belongs to the back side of the sarcophagus. The dating to the early third century A.D. is given by the presence of the continuous groove around the figures, by the form of the upper edge, and the fact that several figures crown it.
(F.M.)

L'ICONOGRAFIA DI MEDUSA / ICONOGRAPHY OF MEDUSA

11. Abito Medusa / Medusa dress
Primavera-estate / Spring-Summer 1993

Abito calzamaglia in *georgette* di seta stampata a motivi astratti *tie 'n dye* policromi e teste di Medusa. Un abito fluttuante nel quale i lunghi pannelli attaccati al corpetto si sovrappongono con leggerezza agli immensi pantaloni a zampa d'elefante.

Leotard outfit in silk *georgette* printed with polychrome *tie 'n dye* abstract motifs and Medusa heads. A flowing dress in which the long draperies attached to the bodice float lightly over the huge flared trousers.

12. Foulard Medusa / Medusa scarf
Primavera-estate / Spring-Summer 1991

Foulard "Medusa" in *twill* di seta.

"Medusa" silk twill scarf.

13. Lucerna con volto di Medusa / Oil lamp with face of Medusa
Età augustea (fine del I secolo a.C. - inizi del I secolo d.C.)
Marmo bianco, largh. 37 cm; sp. 5,2 cm
Verona, Civico Museo Archeologico al Teatro romano, inv. n. 22159
Provenienza: Verona, Teatro romano

Augustan period (late first century B.C. - early first century A.D.)
White marble, width 37 cm; depth 5.2 cm
Verona, Civico Museo Archeologico al Teatro romano, inv. n. 22159
Provenance: Verona, Roman theater

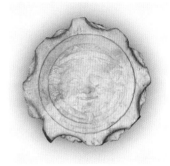

La scultura faceva parte della decorazione marmorea da sospensione del Teatro romano di Verona, realizzata per la maggior parte subito dopo la costruzione del monumento, nel corso dell'età augustea. Tale decorazione comprendeva, accanto ai più comuni *oscilla* (elementi circolari o a forma di pelta, il mitico scudo delle Amazzoni, decorati a bassorilievo) e maschere teatrali a tutto tondo, numerose lucerne a otto becchi di due tipi: di dimensioni maggiori con faccia inferiore figurata – come l'esemplare esposto – e di misura ridotta senza figurazione. Anche se nella forma imitavano lucerne in bronzo usate nelle dimore abbienti, queste sculture non servivano per illuminare ma avevano solo scopo ornamentale, come indica l'assenza di un serbatoio per l'olio combustibile; esse erano sospese mediante catene di ferro a parti strutturali del complesso teatrale, ad esempio nella scena o alle arcate degli ordini esterni: la loro colloca-

zione in alto, al di sopra dei passanti, spiega perché la faccia a vista fosse quella inferiore. Gli elementi da sospensione concorrevano, con altre notevoli sculture decorative sempre in marmo, a rendere il teatro di Verona apparentemente più ricco e raffinato rispetto a edifici teatrali di altre località dell'impero, forse per il ruolo di "porta d'Italia" svolto dalla città, uno dei primi punti d'incontro con la civiltà romana per le genti provenienti da Oltralpe in quanto collocata allo sbocco in pianura della valle dell'Adige.

I soggetti riprodotti sul fondo delle lucerne veronesi sono – oltre a Medusa – maschere teatrali tipiche della commedia, visi di satiri e del dio Oceano. Le valenze di queste iconografie erano diverse: il volto di Gorgone aveva funzione apotropaica, mentre richiamavano l'ambiente ospitante le maschere teatrali e i visi di satiri (esseri semiferini appartenenti all'ambito di Dioniso/Bacco, divinità preposta al teatro nel mondo greco-romano); la rappresentazione di Oceano aveva invece un valore politico, di ricordo del dominio sui mari conquistato da Roma. Protomi di Medusa, diverse nell'impostazione e nello stile, compaiono sul fondo di lucerne a otto becchi anche in un altro tipo di contesto, una *villa* scavata a Fianello Sabino nel Lazio.

La lucerna esposta è conservata solo per metà e venne pesantemente integrata in gesso nell'Ottocento, per volere dello scopritore Andrea Monga; il completamento è stato conservato anche nel recente intervento di revisione del restauro, come documento storico e per non compromettere la leggibilità del reperto. Non sappiamo dunque come la protoma fosse raffigurata nella parte superiore, in particolare se avesse o no nella chioma le ali e le teste dei serpenti, le cui code sono annodate sotto il mento: a un errore d'interpretazione del primo restauratore si deve la presenza del nastro fra i capelli, inusuale nelle antiche rappresentazioni di Medusa. I tratti del volto non richiamano il tipo "bello" con espressione calma o patetica; la struttura tondeggiante con le guance dilatate, il naso camuso, la bocca semiaperta a mostrare i denti in un "sorriso" quasi gradevole, rinviano al tipo arcaizzante, particolarmente attestato nell'età augustea (cfr. O. Paoletti, in *LIMC*, IV, s.v. *Gorgones romanae*, p. 360 e in particolare i nn. 30, 59).
(M.B.)

The sculpture belonged to the marble suspension decoration of the Roman theater in Verona, for the most part carved right after the construction of the monument during the Augustan age. This decoration, in addition to the more common *oscilla* (round or pelta-shaped elements, the mythical shield of the Amazons, decorated in low relief) and theatrical masks in the round, featured numerous oil lamps, with eight spouts, of two types: in larger dimensions with a figured bottom – like the exemplar on display – or smaller without figuration. Even though their form emulated the bronze oil lamps used in well-to-do houses, these sculptures were not used for lighting, their sole purpose was ornamental, as evidenced by the absence of a reservoir for burning oil. They hung with iron chains on structural parts of the theater, for example on the stage or the arcades of the outer orders: their being placed aloft, above the passers-by, explains why the visible side was underneath. The suspension elements, with other notable decorative sculptures, always marble, contributed to make the Verona theater apparently richer and more refined than other theatrical buildings in other cities of the Empire, perhaps owing to the "gateway of Italy" role played by the city, one of the first places where people coming from north of the Alps met up with Roman civilization, since it is located at the outlet of the Adige River valley into the plain.
Aside from Medusa, the subjects reproduced on the bottom of the Veronese oil lamps are typical theatrical comedy masks, faces of satyrs and of the god Oceanus. The significance of these iconographies varied: the Gorgon face had an apotropaic role, whereas the setting was evoked by the theatrical masks and faces of satyrs (semi-ferine creatures belonging to the circle of Dionysus/Bacchus, the deity of the theater in the Greco-Roman world); on the other hand the representation of Oceanus had a political connotation, recalling the maritime rule conquered by Rome. Medusa heads, varied in composition and style, appear on the bottom of eight-spout oil lamps in another context as well, a Villa excavated at Fianello Sabino in the Latium.
The oil lamp on exhibit is only half preserved and was coarsely integrated with plaster in the nineteenth century, on the wish of its discoverer Andrea Monga. In the recent revised restoration this completion was kept, as a historical document and to retain the legibility of the find. So we do not know how the upper part of the *protome* was represented, in particular whether or not it featured wings and serpent heads in the hair, with the tails knotted under the chin: the presence of a ribbon in the hair, unusual in antique representations of Medusa, is owed to the first restorer's mistaken interpretation. The features of the face do not call to mind the "beautiful" type, with a calm or pathetic expression. Instead the rounded structure with bulging cheeks, flat nose, half-open mouth showing the teeth in an almost pleasing "grin", recall the archaizing typology, notably attested in the Augustan period (see O. PAOLETTI, in *LIMC*, IV, sub voce *Gorgones romanae*, p. 360 and in particular nn. 30, 59).
(M.B.)

14. Applique con volto di Medusa / Sconce with Medusa face

I-II secolo d.C.
Bronzo, 4,3 × 4,8 cm
Verona, Civico Museo Archeologico al Teatro romano, inv. n. 21422
Provenienza: collezione di Jacopo Verità (?)

First-second century A.D.
Bronze, 4.3 × 4.8 cm
Verona, Civico Museo Archeologico al Teatro romano, inv. n. 21422
Provenance: Jacopo Verità (?) collection

Questo elemento doveva decorare in età romana un oggetto di arredo o dell'*instrumentum* domestico, che ricavava così protezione dal potere mitico di Medusa, qui raffigurata in stile classicheggiante, con il volto pienamente umano. Si richiama qui il tipo "bello" con espressione calma, e il carattere spaventoso del personaggio è confinato – oltre che negli usuali dettagli delle ali, piccole e di prospetto, e dei serpenti annodati sotto il mento – soltanto nei grandi occhi dilatati, in cui le pupille sono rese con incavi, riempiti in origine con un metallo diverso dal bronzo (rame o argento) a impreziosire e rendere più vivo l'oggetto.
(M.B.)

In Roman times this element probably adorned a furnishing item or a household article, thus obtaining protection from the mythical power of Medusa, represented here in a classicizing style with an entirely human countenance. It recalls the "beautiful" type with a calm expression, and the fearsome

character of the figure – aside from the usual details of the wings, small and frontal, and the snakes knotted under the chin – is limited to the large dilated eyes, in which the pupils are rendered with hollows initially inlaid with a different metal than the bronze (copper or silver) to enhance and enliven the article.
(M.B.)

15. Borchia con volto di Medusa / Stud with Medusa face
Età romana imperiale
Bronzo, Ø 5,7 cm
Verona, Civico Museo Archeologico al Teatro romano, inv. n. 21424
Provenienza: collezione di Jacopo Verità (?)

Imperial Roman period
Bronze, Ø 5.7 cm
Verona, Civico Museo Archeologico al Teatro romano, inv. n. 21424
Provenance: Jacopo Verità (?) collection

La borchia, dotata di cornice, richiama nella forma uno scudo circolare da cui emerge a forte rilievo una protome di Medusa; al centro del retro, un'appendice (fratturata) per l'innesto su un oggetto d'arredo. Come nell'esemplare precedente, Medusa è raffigurata secondo il tipo "bello" con espressione calma (il naso è purtroppo schiacciato per un'ammaccatura); qui è dato però un rilievo decisamente maggiore ai serpenti, corposamente annodati sotto il mento e risalenti ai lati del volto, lungo i capelli, fino alle piccole ali.
(M.B.)

The form of the rimmed stud is comparable to a round shield, with a Medusa head surfacing in high relief; at the center of the reverse, an appendage (broken) to attach it to a furnishing article. As in the preceding exemplar, Medusa is represented according to the "beautiful" type with a calm expression (unfortunately the nose is dented); however here greater importance is given to the serpents, bulkily knotted under the chin and rising on each side of the face, along the hair, up to the small wings.
(M.B.)

16. Tondo in mosaico con Medusa / Mosaic tondo with Medusa
Tessere lapidee policrome, Ø 84 cm
Collezione Versace, inv. n. 0148

Polychrome stone tesserae, Ø 84 cm
Versace collection, inv. n. 0148

All'interno di una cornice con triangoli scalari neri su fondo rosa emerge il volto di Medusa, quasi frontale. Gli occhi sono ampi, tondi, dai tratti pesanti, sovrastati da nere sopracciglia e separati da un naso largo e lineare; la bocca è piccola in proporzione, chiusa e carnosa, accentuata dalla fossetta al di sopra del mento, priva di particolare espressione. Grazie alle tessere, di piccole dimensioni, l'incarnato della pelle, improntato al rosa, presenta curati passaggi cromatici che mettono in risalto la rotondità dei tratti, quasi maschili. L'inequivocabile attributo della Gorgone sono le teste di serpente che si ergono al di sopra delle ciocche scomposte di capelli neri e castani che le circonda-

no e che si uniscono in un nodo al di sotto del mento, oltre alle due ali sulla fronte, confuse tra le ciocche della folta capigliatura leonina.
I grandi occhi serbano un ricordo sbiadito del loro potere fatale; ne resta solo l'ampia dimensione ed il colore scuro a sottolinearne la fatalità. Anche la bocca, chiusa e ferma, è ben lontana dalle espressioni sguaiate, spesso accompagnate dalle zanne, presenti nelle riproduzioni più antiche di Medusa.
La composizione del volto inserito entro un tondo richiama lo scudo di Atena dove la dea stessa, secondo il mito, appese il trofeo della testa del mostro dopo che Perseo gliene fece dono. La forma circolare era anche facilmente inseribile all'interno di pavimentazioni a mosaico, con evidente valore apotropaico ad invocare protezione per l'abitazione nella quale si trovava, anche se, in molti casi, prevaleva l'intento decorativo, svuotando l'immagine della sua forza simbolica.
Il motivo di Medusa entro clipeo è ampiamente diffuso nei mosaici di età romana, dalla Spagna, all'Italia, alle regioni transalpine, ma soprattutto nei tassellati dell'Africa settentrionale, dove ricorre in abitazioni private e in ambienti termali, soprattutto tra II e III secolo d.C. A un modello tunisino del II secolo d.C. sembra appunto essere ispirata questa riproduzione.
(F.M.)

The face of Medusa, almost frontal, appears inside a frame with black scaled triangles on a pink ground. The eyes are large, round, with heavy lines, topped by black eyebrows, and separated by a straight wide nose. The mouth is relatively small, closed and fleshy, accentuated by the dimple above the chin, and not particularly expressive. Thanks to the small tesserae, the pink-tinged flesh tones display accurate chromatic passages emphasizing the roundness of almost masculine features. The unmistakable attribute of the Gorgon – the snakes' heads – rises above the disheveled locks of black and brown hair sur-

rounding it and knotted under the chin, in addition to the two wings on the brow confounded with the locks of the thick leonine head of hair.
The large eyes are like a dim recollection of their fatal power. All that remains to underscore their deadliness is their large size and somber color. The small, firm mouth also differs a great deal from the unseemly expressions, often accompanied with fangs, found in the older reproductions of Medusa.
The composition of the face inserted in a tondo calls to mind Athena's shield where, according to the myth, the goddess herself fixed the monster's head after Perseus gave it to her. The round form was also easy to inlay in mosaic pavements, with an obvious apotropaic value, invoking protection for the house where it was placed, even if, in many cases, the decorative intent prevailed, voiding the image of its symbolic intensity.
The motif of Medusa on a clypeus is widely diffused in mosaics of the Roman period, from Spain to Italy and the transalpine regions, but especially in North African tessera-work, where it is frequent in private homes and in thermae, mainly between the second and third centuries A.D.
This image seems to be based on a Tunisian model of the II century A.D.
(F.M.)

17. Testa in bronzo di Medusa / Bronze head of Medusa

Fine del XIX - inizio del XX secolo
Bronzo, altorilievo, 80 × 60 cm
Collezione Versace

Late nineteenth century - early twentieth century
Bronze, high relief, 80 × 60 cm
Versace collection

Il bronzo di forma semicircolare raffigura centralmente la testa di Medusa, una delle tre leggendarie Gorgoni rappresentate dall'antichità in molteplici immagini. Medusa era l'unica mortale delle tre mostruose e crudeli Gorgoni, creature orrende con capelli di serpenti, mani di bronzo e ali d'oro, il cui sguardo pietrificava chiunque osasse fissarle in volto. La storia dell'arte moderna annovera diverse Meduse decapitate in cui il protagonista, nella maggioranza dei casi, è però Perseo, raffigurato con la testa recisa di Medusa in mano, come possiamo vedere nel *Perseo* di Benvenuto Cellini (1545-54, bronzo, Firenze, Galleria degli Uffizi) e nel *Perseo trionfante* di Antonio Canova (replicato in due copie: 1800, marmo, Città del Vaticano, Museo Pio-Clementino; 1804-06, New York, Metropolitan Museum of Art). La Medusa viene anche rappresentata come maschera gorgonica a decorazione di corazze e scudi di imperatori, oppure diventa simbolo di dolore come nella realistica e drammatica opera di Caravaggio (1598, Firenze, Galleria degli Uffizi). La smorfia di dolore viene ripresa nell'opera *Testa di Medusa* di Lorenzo Bernini (1630, Roma, Musei Capitolini), oppure nell'*Omaggio a Caravaggio* di Renato Guttuso (1985, collezione privata), una rielaborazione della *Medusa* che testimonia l'attualità di questo soggetto.

Il nostro bronzo, di autore ignoto ma certamente da ricondurre alla cultura liberty italiana, riporta tutti gli elementi iconografici del mito: la testa di Medusa coronata da serpenti e due piccole ali sul capo. I serpenti quasi filiformi, che partendo dalla testa si dipanano a raggiera seguendo una linea di andamento sinuoso, ricordano la testa femminile vista centralmente raffigurata da Jaques Drogue, in un disegno per la copertina della rivista "L'Image" (maggio 1897). L'impostazione frontale del bronzo, la presenza delle ali sopra il capo e dei serpenti che circondano il mento, rievocano inoltre noti modelli cinquecenteschi raffigurati in scudi o oggetti di oreficeria, tornati di grande moda, soprattutto per gli elementi d'arredo, nella seconda metà dell'Ottocento, come possiamo vedere nel *Piatto da parata* realizzato dall'orafo lombardo Giuseppe Bellosio (1884, Milano Civiche Raccolte d'Arte Applicata del Castello Sforzesco), oppure nell'orologio liberty su testa di *Medusa*, in legno di ciliegio, eseguito dallo scultore pavese Romolo Bianchi (fine XIX secolo, Milano, Farmacia San Michele).

I gioielli liberty costituiscono un ulteriore termine di paragone per poter collocare cronologicamente il bronzo tra la fine dell'Ottocento e l'inizio del Novecento: forti similitudini, dalla linea sinuosa al coronamento sotto il mento, si riscontrano infatti nella collana con pendente realizzata da Jonnart e pubblicata in "Art et Décoration" (dicembre 1899). Altre similitudini possono essere riscontrate nelle decorazioni architettoniche, sopra i portali, sui cancelli in ferro battuto, del periodo della Secessione viennese, dove il volto femminile viene effigiato come personificazione della bellezza fortemente evocativa. Accanto a queste suggestioni europee, dal volto della nostra Medusa emerge però una grande tensione emotiva, dove la muscolatura contratta, gli occhi sgranati, la bocca leggermente aperta ricordano l'immagine pietrificata della Gorgone dell'opera di Caravaggio.
(E.Z.)

The semi-circular bronze features at center the head of Medusa, one of the three legendary Gorgons portrayed in countless images ever since Antiquity. Medusa was the only mortal one among the three cruel, monstrous Gorgons. Those horrendous creatures had serpents entwined in their hair, hands of bronze, gold wings, and their gaze turned to stone whomever met their eye. Modern art history counts various beheaded Medusas where however the main actor is Perseus, depicted holding Medusa's chopped off head, as we see in the *Perseus* by Benvenuto Cellini (1545-1554, bronze, Florence, Galleria degli Uffizi) and the *Perseus with the Head of Medusa* by Antonio Canova (replicated in two copies: 1800, marble, Vatican City, Museo Pio-Clementino; 1804-1806, New York, Metropolitan Museum of Art). Medusa was equally represented as a Gorgon mask decorating armor and shields of emperors, or became the symbol of grief, as in the dramatic, realistic work by Caravaggio (1598, Florence, Galleria degli Uffizi). The grimace of pain appeared again in the *Head of Medusa* by Bernini (1630, Rome, Musei Capitolini), or again in the *Tribute to Caravaggio* by Renato Guttuso (1985, private collection), a new creation of the *Medusa* attesting the actuality of the subject.

Our bronze, by an unknown author but certainly related to the Italian Art Nouveau background, presents all the iconographic elements of the myth: the Medusa head crowned with serpents and two small wings on the top of the head. The thread-like snakes, fanning out from the head in wavy rays, recall the female head viewed centrally represented by Jacques Drogue, in a drawing for the cover of the review *L'Image* (May 1897). The frontal presentation of the bronze, the presence of wings crowning the head and serpents around the chin moreover recall well-known sixteenth-century models on shields or goldwork items, back in vogue in the second half of the nineteenth century, especially in furnishing articles, as we see in the *Banquet Dish* wrought by the Lombard goldsmith Giuseppe Bellosio (1884, Milan, Civiche Raccolte d'Arte Applicata del Castello Sforzesco), or else in the Art Nouveau clock on a *Medusa* head, carved in cherry wood by the Pavia sculptor Romolo Bianchi (late nineteenth century, Milan, Farmacia San Michele). Art Nouveau jewelry is a further term of comparison allowing to date our bronze to between the late nineteenth and early twentieth centuries. Strong similarities, from the wavy line to the knot under the chin, can be found in the necklace with pendent created by Jonnart and published in *Art et Décoration* (December 1899). Other likenesses can be seen in Viennese Secession architectural decorations, on overdoors or wrought-iron gates, where the woman's face is portrayed as a highly suggestive personification of beauty. Yet compared to these European depictions, the face of our Medusa expresses great emotional intensity, in which the contracted muscles, wide-open eyes, partly open mouth remind us of the petrified image of Caravaggio's Gorgon.
(E.Z.)

18. Mimmo Rotella
Catanzaro 1918 - Milano 2006
Testa di Medusa, 1997
Collage, 150 × 150 cm
Collezione Versace, opera
commissionata all'artista da Gianni
Versace

Catanzaro 1918 - Milan 2006
Head of Medusa, 1997
Collage, 150 × 150 cm
Versace collection; work Gianni
Versace commissioned from the artist

Maestro del manifesto strappato, Rotella punta alla "pelle", all'impero dei segni, riprendendo in considerazione la prassi duchampiana del *ready-made*, ma facendone un uso proprio e originale. Dal suo punto di vista il corpo è la parete, la pelle ciò che lo riveste, palinsesto dei messaggi e delle informazioni che la cultura urbana continuamente si scambia. A partire dagli anni Ottanta Rotella scopre e esplora altre declinazioni dell'immagine: graffiti, tag e dipinti, sono l'urlo forte di un'altra generazione di artisti urbani. Grazie a quelle immagini, torna in lui la voglia di recuperare forme di espressione più tradizionali e pittoriche. Nasce così la serie delle *Nuove icone* (1986-99), intervenendo sull'immagine *ready-made* del manifesto strappato, con il collage di carte colorate e con nitide profilature di colore puro. L'intervento pittorico asseconda quasi sempre l'immagine esistente (prevalgono i soggetti cinematografici), insistendo sui contorni e le profilature, sottolineando i dettagli, come un viraggio fotografico che altera irrimediabilmente i connotati. Dopo aver corteggiato la pittura per

tanto tempo, l'artista se ne riappropria, nobilitando così le immagini *trash* del quotidiano, per conferire loro un valore diverso, più "iconico". Ma a differenza della pop art americana, che porta alle estreme conseguenze questo processo di iconizzazione del prodotto di consumo, l'immagine di Rotella è più complessa; non tutto è accettato, ma soltanto prodotti e oggetti giunti già allo stadio di segni, elementi integrati a un'estetica ben precisa di cui si fanno portatori, come in questo caso. Per la prima volta nell'opera di Rotella, l'appropriazione non è più soltanto concettuale, ma anche fisica, corporea, diretta; e la pittura affiora in superficie come strumento che conferisce senso.
(B.M.)

Master of the torn poster, Rotella focused on the "skin", the empire of signs, going back to Duchamp's praxis of the Ready-Made, but using it in his own original way. According to him the body is the wall, the skin what covers it, palimpsest of the messages and information that urban culture is constantly exchanging. In the 1980s Rotella began to discover and explore other aspects of the image: graffiti, tags, and paintings, the loud howl of another generation of city artists. Those images gave him the urge to revisit more traditional and pictorial forms of expression. In this way he created the *New Icons* series (1986-1999), intervening on the Ready-Made image of the torn poster, with the collage of colored papers and clear outlines in pure color. The painterly intervention was almost always performed on an existing image (mostly movie subjects), emphasizing outlines and borders, underscoring details, like a photographic toning which irremediably alters the features. After having courted painting for so long, the artist re-appropriated it, dignifying the *trash* images of the everyday, bestowing on them a different, more "iconic" value. But unlike American Pop Art, which carried to extremes

this iconizing process of the consumer item, Rotella's image is more complex. It does not accept everything, only products and objects having already achieved the status of signs, elements belonging to a specific esthetics of which they are the carriers, like in this instance. For the first time in Rotella's work, appropriation was not merely conceptual, but as well physical, corporeal, direct. And paint emerges on the surface as an instrument conferring meaning.
(B.M.)

19. Jim Dine
Cincinnati, Ohio, 1935
Medusa, 1996
Olio su tela, 121,9 × 121,9 cm
Collezione Versace; opera
commissionata all'artista da Gianni
Versace

Cincinnati, Ohio 1935
Medusa, 1996
Oil on canvas, 121.9 × 121.9 cm
Versace collection; work Gianni
Versace commissioned from the artist

Si può essere stregati da Medusa o essere presi dal suo mirabile incanto: la morte negli occhi. Per un certo romanticismo, quello nero, Medusa è la grazia tempestosa del terrore. La dea dalla capigliatura di serpenti ha ammaliato gli artisti di tutte le epoche, da Caravaggio a Benvenuto Cellini, da Bernini a Rubens. Dine, che nel Novecento statunitense rappresenta un artista in qualche modo slegato dai canoni della pop art di cui, tuttavia, è a pieno titolo uno dei pro-

tagonisti, è anche uno degli autori che da sempre si sono dimostrati interessati a riprendere il filone popolare della cultura. Come questo tema di Medusa, alla maniera un po' espressionista, un po' neodada, come solo lo statunitense sa fare.
Il suo sguardo pietrifica, ma non è chiaro se gli utensili *ready-made* aggettanti dalla tela siano il prolungamento della testa di serpi o se siano oggetti scagliati dall'eccentrico maestro contro il ghigno orrifico. Bello è terribile; il brivido diventa bellezza o, come asserivano i surrealisti, "ogni bellezza è convulsa, altrimenti non può esistere". E questa Medusa infonde solo ripugnanza e terrore oppure fascino e bellezza misteriosa, impenetrabile?
Il peccato di Medusa – che appartiene alla stirpe delle Gorgoni – è di essersi lasciata sedurre da Poseidone nel tempio di Pallade Atena. Pallade Atena la punisce trasformando i suoi capelli, il suo attributo più seducente, in un nido di serpi.
Secondo l'interpretazione romantica "l'impietratrice" ha l'incanto della corruzione che compenetra ogni tratto della sua bellezza eletta. Shelley e Pater si lasciano avvolgere completamente dal brivido voluttuoso della Medusa, fino all'appagamento. La sua caratteristica smorfia ghignante è, per tornare all'opera di Dine, sospesa nell'attimo decisivo. L'arroganza della bellezza, in bilico tra la vita e la morte.
(R.F.)

You can be bewitched by Medusa or trapped by her admirable charm: killer eyes. For a certain dark Romanticism, Medusa embodies the frenzied fascination of terror. The deity with serpent hair enthralled artists of all times, including Caravaggio and Benvenuto Cellini, Bernini and Rubens. Dine, who in the twentieth-century United States appears somewhat aloof from the canons of Pop Art, to which however he fully belongs, is also one of those artists who was always interested in reviving the vein of popular culture. Like here the Medusa theme,

in this American's unique manner, a combination of expressionism and Neo-Dadaism.

Her gaze turns to stone, but we are uncertain whether the Ready-Made utensils protruding from the canvas are extensions of the serpent head or objects the eccentric master threw at the impudent grin. Beauty is terrible; the thrill turns into beauty or, as the Surrealists claimed, "all beauty is convulsive, otherwise it does not exist". And does this Medusa instill repulsion and terror, or fascination, radiating a mysterious, impenetrable beauty? The sin of Medusa – she belongs to the race of the Gorgons – was letting Poseidon seduce her in the temple of Pallas Athena. Pallas Athena punished her by turning her hair, her most seductive attribute, into a nest of snakes.

In the Romantic interpretation, "she who turns to stone" exerts the fascination of the corruption her singular beauty is steeped in. Shelley and Pater let themselves be entirely subjugated by the voluptuous thrill of Medusa, until they reached fulfillment. Going back to Dine's work, her characteristic grinning grimace is suspended in the crucial instant. The arrogance of beauty, poised between life and death.
(R.F.)

DAL RINASCIMENTO ALL'OTTOCENTO / COLORE E FORMA
FROM RENAISSANCE TO NINETEENTH / COLOR AND FORM

20. Cappotto in pelle / Leather coat
Autunno-inverno / Fall-Winter 1992-93

Cappotto in nappa trapuntata a motivi geometrici contrastanti. Imbottire la pelle come s'imbottisce il più leggero e morbido dei tessuti: un controsenso materico a sostegno di una contraddizione formale dove l'imponenza volumetrica del materiale viene circoscritta in un capo aderentissimo al busto e svasato nella corta baschina.

Quilted soft leather coat with contrasting geometric motifs. You pad leather as you would the lightest, softest fabric: a countersense in matter backing up a contradiction in form, where the volumetric impressiveness of the material is controlled in a garment that is very close-fitting on the bust and flared in the short basque.

21. Bernardino Campi
Cremona 1522 - Reggio Emilia 1591
Ritratto di gentiluomo con garofano, 1550-55
Olio su tela, 92 × 125,5 cm
Collezione privata
Provenienza: Lord Northwick collection, Londra

Cremona 1522 - Reggio Emilia 1591
Portrait of a Gentleman with a Pink, 1550-55
Oil on canvas, 92 × 125.5 cm
Private collection
Provenance: Lord Northwick collection, London

Il gentiluomo è abbigliato con gusto particolarmente raffinato e austero, secondo le fogge internazionali dell'epoca. Il farsetto di velluto unito nero è imbottito, serrato in vita, con ampia baschina nella parte inferiore e chiuso sul davanti con piccoli bottoni dorati. Il colletto e i polsini, probabilmente in batista di lino, presentano una foggia semplice, antecedente alla diffusione della moda propriamente spagnola dei colletti montanti a gorgiera e delle lattughine. Proprio la foggia del colletto esibita dal nostro gentiluomo la ritroviamo in altri ritratti del Cinquecento italiano a una data intorno al 1550-55. Le maniche, strette sull'avambraccio, presentano alla sommità un rigonfiamento che risente ancora dell'uso delle maniche a palloncino della prima metà del secolo XVI.
È possibile ipotizzare che il gentiluo-

mo indossi nella parte inferiore del corpo le tradizionali braghe e le aderenti calze, così come viene documentato in alcuni figurini milanesi realizzati in quegli stessi anni da Gian Giacomo del Conte nel Libro del Sarto, oggi custodito alla Biblioteca Querini Stampalia di Venezia.
(M.C.)

Sebbene la fama di Bernardino Campi come celebrato ritrattista della nobiltà del suo tempo sia da lungo tempo riconosciuta, solo ultimamente si è ricostituito un catalogo di suoi pregevoli ritratti. È il caso di questo dipinto, che nel corso dell'ultimo secolo e mezzo è stato variamente attribuito a Parmigianino, alla scuola del Moretto e ultimamente a Johann Stephan von Calcar. Spetta a Marco Tanzi l'aver ricondotto recentemente (2005) quest'altissimo esempio di ritrattistica ufficiale alla mano del pittore cremonese.

Il gentiluomo è raffigurato a mezza figura, appoggiato elegantemente col braccio destro al basamento di una colonna; con la stessa mano stringe un fiore rosso, mentre con l'altra impugna l'elsa della spada. Il portamento è fiero, la figura slanciata e perfettamente in linea con la tipologia del ritratto cinquecentesco, in cui il soggetto è riconoscibile perfettamente nel suo *status* sociale. Lo sguardo dell'uomo di tre quarti è rivolto in un punto al di fuori del dipinto. La presenza della colonna, oltre a conferire importanza all'ambientazione, suggerisce un senso di profondità grazie alla prospettiva e ai sapienti effetti chiaroscurali. Il dipinto è accostabile, per impostazione e soluzioni compositive, a un ritratto a figura intera conservato al Louvre, dove compare il basamento con colonna a cui l'uomo si appoggia, e soprattutto, come sottolinea lo stesso Tanzi, a un ritratto di collezione privata raffigurante un gentiluomo con cane che riprende specularmente la stessa composizione, diversa però nei dettagli.

Dal punto di vista tecnico, l'opera è

di altissima qualità: la stesura del colore è di grande eleganza e le pennellate uniformi e ricche di velature cesellano elegantemente ogni particolare. I colori sono vivi e sofisticati, perfettamente in linea col manierismo intellettuale della produzione di Campi, come ad esempio il cielo, di un azzurro saturo e plumbeo allo stesso tempo, in grado di ricreare quell'atmosfera rarefatta tipica della produzione dell'artista cremonese. (C.G.)

The gentleman is dressed in a particularly refined, severe taste, in keeping with the international style of the period.
The plain black velvet doublet is padded, tight-fitting at the waist, with a full basque in the lower part and closed in front with small gilt buttons. The style of the collar and the cuffs, probably in linen batiste, is plain, prior to the diffusion of the typically Spanish fashion of high collars with a ruff and frills. We find the very shape of the collar displayed by our gentleman in other sixteenth-century portraits circa 1550-1555.
The sleeves, tight on the forearm, bulge at the top, still reflecting the use of balloon sleeves of the first half of the sixteenth century.
We may assume the gentleman is wearing on the lower part of his body the traditional breeches and close-fitting hose, as documented in some Milanese fashion prints drawn in that same period by Gian Giacomo del Conte in the Libro del Sarto (Tailor's Book), presently held in the Biblioteca Querini Stampalia in Venice.
(M.C.)

Although the reputation of Bernardino Campi as a renowned portraitist of the aristocracy of his day has long been known, a catalog of his precious portraits was drawn up only recently. This painting is one of them, in the past century variously attributed to Parmigianino, the school of Moretto, and last to Johann Stephan von Calcar. We owe to Marco Tanzi the recent (2005) attribution of this con-

summate example of portraiture to the hand of the Cremonese painter. The gentleman is portrayed in half-length, gracefully resting his right arm on the base of a column; in that same hand he holds a red flower, while the other grips the hilt of a sword. His demeanor is proud, his figure slender and perfectly in harmony with the typology of the sixteenth-century portrait, in which the subject is perfectly identified in his social standing. The man, in three-quarters, is looking toward a point outside the painting. The presence of the column, while it dignifies his surroundings, suggests a sense of depth owed to perspective and skilled chiaroscuro effects. The painting, by its organization and compositional solutions, is comparable to a full-length portrait held in the Louvre where we find the base of the column the man is resting on, but most of all, as Tanzi pointed out, to another portrait in a private collection depicting a gentleman with a dog, with the same composition, differing only in the details. Technically speaking, the quality of the work is outstanding: the handling of color is highly polished and the uniform, richly glazed brushstrokes flawlessly define each detail. The colors are bright and sophisticated, perfectly suited to the intellectual mannerism of Campi's output, as for example the blue sky, together saturated and leaden, recreating the rarefied atmosphere typical of the Cremonese artist's production. (C.G.)

22. Giubbotto in pelle e maglia di metallo / Leather and metallic chain-mail jacket
Autunno-inverno / Fall-Winter 1982-83

Giubbotto da uomo in pelle nera e inserto in maglia metallica. Nella giacca di Versace i materiali sono estremamente significativi, non solo come superficie sensuale, ma come allusione storica. La pelle diventa per Versace un'evocazione dell'abbigliamento rinascimentale, mentre la maglia d'acciaio ricorda la maglia metallica indossata sotto le armature.

A man's black leather jacket with a metallic chain-mail appliqué. In Versace's blouson the materials are extremely significant, not only for their sensual surface, but as a historical allusion. For Versace leather becomes an evocation of Renaissance dress, while the steel mesh recalls the metal coat of mail worn under armor.

23. Giulio Campi
Cremona ca. 1500-1572
Ritratto d'uomo con berretta, 1450 ca.
Olio su tavola, 52,5 × 40,5 cm
Collezione privata
Restauri: Giovanna Niero, Noale (Venezia), 2006, pulitura

Cremona ca. 1500-1572
Portrait of a Man with a Cap, ca. 1540
Oil on panel, 52.5 × 40.5 cm
Private collection
Restoration: Giovanna Niero, Noale (Venice), 2006, cleaning

Passando in rassegna una serie di ritratti maschili realizzati tra i primissimi anni del Cinquecento e gli anni Quaranta possiamo notare che le fogge esibite dagli uomini mutano radicalmente. Se nei primi due decenni del XVI secolo troviamo quasi esclusivamente gentiluomini con i capelli lunghi e fluenti, fortemente influenzati dalla moda femminile, a partire dal terzo decennio i capelli si accorciano radicalmente sopra le orecchie e il volto non appare più glabro, ma incorniciato da una corta barba e baffi ben curati.
Si asserisce in un libro anonimo (Storia delle Mode), pubblicato a Milano nel 1854, che mentre il re di Francia, Francesco I Valois, il 6 gennaio 1521, si divertiva a far l'assedio di una casa a colpi di neve, il capitano de Lorges, signore di Montgommery, gli lanciò in testa un tizzone ardente. Per curare le ferite il re fu costretto a tagliare i capelli e si lasciò crescere la barba. I cortigiani l'imitarono e ben presto tutti ebbero i capelli corti e la barba. Da

qui, forse, una delle cause che portarono a un cambiamento delle fogge maschili.

Questa moda, di influenza militare, è ben evidente nel ritratto d'uomo con berretta di Giulio Campi, in cui possiamo tra l'altro individuare il farsetto chiuso, probabilmente in velluto nero unito, con due alette poste sulle spalle, in corrispondenza del giromanica, per nascondere l'allacciatura di questa al busto, secondo la tradizione militare per cui nelle armature si coprivano le zone di aggancio dei diversi pezzi.

Si deve ricordare che in un periodo storico di grande tensione politica e militare l'immagine del gentiluomo viene progressivamente ricondotta a quella del soldato ed è pertanto comune in tutta Europa il tentativo da parte dell'uomo di emulare l'atteggiamento e il gusto suntuario dei militari: le forme vestimentarie, le acconciature e gli accessori, tendono pertanto ad esaltare la prestanza fisica dell'uomo, accentuandone l'aspetto virile e bellicoso.

Le maniche sono lunghe e strette ai polsi, arricchite da una finissima camicia in batista di lino; il collo è incorniciato da una leggera increspatura della camicia, antecedente la moda della più rigida gorgiera mentre il cappello indossato dall'uomo è la berretta piatta con medaglione.
(M.C.)

Il ritratto è stato attribuito a Giulio Campi da Mauro Lucco che ha ritenuto potesse trattarsi di un dipinto del Campi a una data prossima al 1540.

"L'astratta eleganza degli stacchi cromatici con cui la figura nerovestita si distacca dal fondo, unita agli accenni di una più intensa percezione della psiche e della forma naturale, indica quella particolare situazione di cultura in cui il senso del corpo e della fisicità si ibrida con la raffinata esperienza estetizzante della 'maniera moderna'; ciò che avvenne, in particolare, in quella zona 'lombarda' che comprende entro i suoi confini Milano, Cremona e l'Emilia. Non poche intese, infatti, questa figura di giovane dall'e-

spressione intensa e un po' ribalda mostra di aver stabilito con le idee e con la stessa morfologia pittorica, di Nicolò dell'Abate nei suoi anni giovanili, attorno al 1540; in particolare nei confronti del bellissimo *Ritratto di Giovane* nelle collezioni reali inglesi di Hampton Court (n. 1422), o anche col giovane di centro del *Concerto* proveniente da palazzo Pratonieri di Reggio Emilia e oggi nel locale Museo Civico; oppure col liutista del soffitto nella Galleria Estense di Modena.

Nondimeno, la stesura di questo *Ritratto* è più ferma e controllata, meno spumeggiante e dossesca di quanto non siano queste prime prove di Nicolò. Per altro verso, l'intonazione cromatica del dipinto, e in particolare il verde del fondo, richiamano nettamente gli esempi di Girolamo Mazzola Bedoli, quel suo gusto per tumescenze di foresta, senza tuttavia possederne l'eccessiva stilizzazione in senso correggesco e parmigianiniano. Il problema critico può trovare, a mio avviso, migliori e più probanti riscontri ove lo si collochi a Cremona, per l'appunto negli anni attorno al 1540; qui confluivano gli echi della cultura di Nicolò dell'Abate e un eletto gusto formale che rifonde influssi veneto e veneto-tizianeschi assieme a quelli del Parmigianino e del Bedoli, non disgiunti neppure da un robusto senso della fisicità materiale di cui il Pordenone aveva lasciato a Piacenza, nei primi anni Trenta, esempi eclatanti.

Questo intersecarsi e sovrapporsi di linee di tendenza pittoriche tende a concentrarsi sul nome del più malinconico e saturnino dei fratelli Campi, Giulio, che rappresenta una via autonoma rispetto ai presentimenti naturalistici di Antonio e, ancor più, di Vincenzo; mi pare infatti non manchino agganci assai significativi con gli affreschi di Sant'Agata a Cremona, con la figura a sinistra di donatore nella *Natività con San Francesco e due committenti*, oggi a Brera, e anche con la grande pala sull'altar maggiore di San Sigismondo a Cremona, firmata e datata al 1539. L'emersione della forma plastica da una sorta di

notturnale brunitura luminosa che si vede in quel grandioso dipinto mi pare si legga bene anche nelle contenute dimensioni di questo ritratto."

Looking over a series of men's portraits painted between the early sixteenth century and the 1540s, we notice that men's fashions underwent a significant change. Whereas in the 1510s-20s we almost exclusively see gentlemen wearing long flowing hair, strongly influenced by women's fashion, in the 1530s hair was radically cut short above the ears and the face was no longer clean-shaven but framed in a short beard and with a well-groomed moustache.

In an anonymous book, Storia delle Mode *(History of Fashions), published in Milan in 1854, we learn that while the King of France, François I Valois, 6 January 1521, was playing at besieging a house with snowballs, the captain de Lorges, seigneur de Montgommery, threw a burning ember at him. To treat his wounds the king had to cut his hair and let his beard grow. His courtiers followed suit and soon they all wore short hair and a beard. Hence, perhaps, one of the causes that led to a change in men's attire.*

That fashion, with a military influence, is obvious in Giulio Campi's portrait of a man with a cap, where we recognize the closed doublet, probably plain black velvet, with two flaps on the shoulders level with the armhole, to conceal its joining to the bust, in keeping with the military tradition of armor where the joints of the various pieces were concealed.

We should recall that in a historical period of great political and military tension the image of the gentleman gradually resembled that of the soldier, and all over Europe men sought to emulate the attitude and sumptuary taste of the military: the sartorial forms, hair dresses, and accessories tended to glorify men's physical handsomeness, emphasizing their virile, warlike aspect.

The sleeves are long and tight at the wrist, enhanced by a delicate linen batiste shirt; the collar is framed by a slight ruffle of the shirt, preceding the vogue of the stiffer ruff, while the cap

worn by the man is the flat cap with a medallion.
(M.C.)

The portrait was attributed to Giulio Campi by Mauro Lucco who dates it to circa 1540.

"The abstract elegance of the chromatic intervals that make the black-garbed figure stand out against the background, combined with hints of a more intense perception of the psyche and the natural form, points to a particular cultural context, notably in that 'Lombard' area comprising Milan, Cremona, and Emilia. There the sense of the body and physicality merged with the refined estheticizing experience of the 'modern manner'. Actually this figure of a youth with his intense, somewhat roguish expression might present some familiarity with the ideas and even the pictorial morphology of Nicolò dell'Abate in his early years, circa 1540. Especially when we compare it to the lovely *Portrait of a Youth* in the English Royal collections at Hampton Court (n. 1422), or to the youth at the center of the *Concert* from Palazzo Pratonieri in Reggio Emilia, presently in the local Museo Civico; or else to the lute-player on the ceiling of the Galleria Estense in Modena.

Nonetheless, the pictorial handling of this *Portrait* is firmer and more controlled, less frothy and lumpy than those early experiments of Nicolò. Conversely, the chromatic tone of the work, especially the green of the background, distinctly recalls the examples of Girolamo Mazzola Bedoli, his taste for forest tumescences, yet without the excessive stylization of Correggio or Parmigianino. The critical question, I believe, can find better and more probing comparisons with Cremona, precisely circa 1540: indeed that is where the echoes of Nicolò dell'Abate's tradition converged with a rare formal manner blending Venetian and Veneto-Titianesque influences along with those of Parmigianino and Bedoli,

while possessing a robust sense of material physicality of which Pordenone, in the early 1530s, left striking examples in Piacenza.

This intersecting and overlaying of pictorial movements tends to converge on the name of the most melancholy, saturnine of the Campi brothers, who followed a more independent path with respect to the naturalistic leanings of Antonio and even more of Vincenzo. Actually it seems to me that there are quite a few significant links with the frescoes of Sant'Agata in Cremona, with the figure of the donor on the left in the *Nativity with Saint Francis and Donors,* now in the Brera, and also with the large altarpiece on the high altar of San Sigismondo in Cremona, signed and dated 1539. I am of the opinion that the surging of the plastic form out of the kind of luminous nocturnal burnishing we observe in that grandiose picture can also be found in the more reduced dimensions of this portrait."

24. Vestaglia rinascimentale / Renaissance night-gown
Autunno-inverno / Fall-Winter 1989-90

Ampia vestaglia di gusto rinascimentale in velluto di seta *moiré* stampato a più colori. I *revers* del collo e dei polsi sono stampati a motivi contrastanti.

Flowing Renaissance-style night-gown in silk *moiré* velvet printed in several colors. The lapels and cuffs are printed in contrasting colors.

25. Andrea del Sarto
(attribuito/attributed)
Firenze 1486-1530
Madonna seduta con il Bambino,
1525 ca.
Olio su tavola di noce,
174 × 153 cm
Collezione privata
Restauri: Giovanna Niero, Noale
(Venezia) 2005, pulitura

Florence 1486-1530
Seated Madonna and Child, ca. 1525
Oil on walnut panel, 174 × 153 cm
Private collection
Restoration: Giovanna Niero, Noale
(Venice) 2005, cleaning

L'opera offre lo spunto per un'indagine su elementi della moda femminile dell'inizio del XVI secolo. Risulta abbastanza chiaro che il gusto del Cinquecento punta a una ricerca di ampiezza e di tridimensionalità delle forme, abbandonando definitivamente la linearità e la secchezza dei modelli quattrocenteschi.
La Vergine indossa la classica camora, ampio abito con scollatura, voluminosa nella parte inferiore. Le maniche, applicate alla veste, aderiscono all'avambraccio, mantenendo solo nella parte superiore la tridimensionalità del precedente modello sbuffante.
(M.C.)

Il dipinto raffigurante una *Madonna seduta col Bambino sulle ginocchia* è un'opera di grande interesse per il soggetto, per le dimensioni, per il supporto ligneo, più precisamente una tavola di noce. Il rimando stilistico è immediato. Siamo di fronte

a un'opera toscana, con evidenti influenze legate al complesso mondo intellettuale fiorentino, nel periodo del più schietto e sorgivo momento manieristico, con quella struttura piramidale postleonardesca, mentre la figura del Bambino è di evidente estrazione raffaellesca. Quest'opera è strettamente legata a un affresco di Andrea del Sarto che si trova nel chiostro detto dei Morti, presso la Santissima Annunziata. Esso, risalente al 1525, è famoso e ne parlano anche gli storici, iniziando dal Vasari. Mi riferisco alla *Madonna del sacco,* opera così definita per il sacco, in primo piano, che si trova a sinistra, sotto la figura di san Giuseppe. L'episodio dell'Annunziata fa riferimento al riposo durante la fuga in Egitto. Sono eliminati san Giuseppe e tutta la parte sinistra, lasciando campeggiare il gruppo della Vergine col Bambino. L'affresco ha colori luminosi ed è visto in uno scorcio verso l'alto; la tavola ha più note chiaroscurali, con le figure campeggianti e i colori densi e succosi che ne sostanziano le forme. La stretta relazione tra le due opere – forse più iconografica che strettamente pittorica – sollecita il problema della cronologia della tavola, evidentemente eseguita dall'artista in epoca di poco posteriore, in un gusto formale che può suggerire qualche rapporto col Pontormo.
(P.Z.)

The work provides an indication on aspects of women's fashion in the early sixteenth century. It clearly shows that sixteenth-century taste was drawn to full, three-dimensional forms, definitively forsaking the linearity and bareness of fifteenth-century models.
The Virgin is wearing the classic ample shift with a décolleté, full in the lower part. The sleeves, sewn to the dress, are tight-fitting on the forearm, retaining only in the upper part the volumes of the earlier puffed model.
(M.C.)

The painting depicting a *Seated Madonna with the Child on her Lap* is

a highly interesting work by its subject, dimensions, wood support, more specifically a walnut panel.
We immediately recognize the style. This is a Tuscan work, with clear influences linked to the complex Florentine intellectual sphere, in the period of the freshest, most genuine Mannerist moment, with the post-Leonardesque pyramidal structure, while the Child is obviously a derivation of Raphael. The work is closely connected to a fresco by Andrea del Sarto in the Cloister known as Dei Morti in the Santissima Annunziata. Dated to 1525, it is famous, historians commented on it, Vasari being the first. I refer to the *Madonna with the Sack,* a work so named because of the sack in the foreground under the figure of Joseph. The episode in the Annunziata alludes to the Rest during the Flight into Egypt.
Here Joseph and the entire left part are eliminated, leaving the group of the Madonna and Child to dominate the scene. The fresco has glowing colors and is seen in an ascending foreshortening, whereas the panel has more chiaroscuro accents, with clearly visible figures and dense, rich colors supporting their forms. The close relationship between the two works – perhaps more iconographic than strictly speaking painterly – raises the problem of the chronology of the panel, obviously executed by the artist shortly afterward, in a formal manner that might suggest some kind of connection with Pontormo.
(P.Z.)

26. Abito Matrioska / Matrioska dress
Palais de Beaulieu, Losanna /
Lausanne, 1987

Costume teatrale per il balletto *Souvenir de Leningrad*, con la coreografia di Maurice Béjart. L'abito è in seta dipinta a mano, con applicazioni e ricami. Le caratteristiche del costume, con le pennellate a mano e il senso della stratificazione sono tipiche della vestibilità enfatica e sfarzosa di Versace. Questo grandioso abito trasmette la gioia di vivere e la naturale esuberanza della gente del popolo.

Stage costume for the ballet *Souvenir of Leningrad*, choreographed by Maurice Béjart. The dress is hand-painted silk, with appliqués and embroideries. The characteristics of the costume, hand-painted brush-strokes and the sense of layering, are typical of Versace's emphatic, gorgeous style. This spectacular dress communicates the joy of living and the natural exuberance of the common people.

27. T-shirt in metallo e pantalone in pelle / Metal T-shirt and leather trousers
Autunno-inverno / Fall-Winter 1994

T-shirt da uomo in maglia di metallo accostata a un pantalone in pelle nera.

Metal chain-mail men's T-shirt top-matched with black leather pants.

28. Abito in maglia di metallo / Chain-mail dress
Primavera-estate / Spring-Summer 1994

Abito da sera in maglia di metallo argento: la scollatura è drappeggiata sul seno e sostenuta da bretelle argento con fibbie Medusa. L'abito scivola morbidamente sui fianchi e ha un orlo asimmetrico.

Silver metal chain-mail evening gown: the top is draped over the bosom and held by silver straps with Medusa buckles. The dress falls softly over the hips and has an asymmetrical hemline.

29. Eugène Delacroix
Charenton-Saint-Maurice, Seine, 1798 - Parigi 1863
San Giorgio e il drago, 1840 ca.
Olio su cartone, 70 × 47 cm
Collezione privata

Charenton-Saint-Maurice, Seine, 1798 - Paris 1863
Saint George and the Dragon, ca. 1840
Oil on cardboard, 70 × 47 cm
Private collection

San Giorgio indossa qui la porzione superiore di "un'armatura da uomo d'arme", incompleta, costituita da petto con resta (intuibile sotto l'ala dello spallaccio destro) con falda e scarselle, schiena, goletta, spallacci (asimmetrici con guardagoletta) e con bracciali interi. Molto austera, elegantemente brunita e priva di inutili decorazioni, dalla foggia potrebbe dirsi un'armatura della prima metà del Cinquecento, forse del secondo quarto. Si tratta in ogni caso di un'armatura destinata al combattimento a cavallo, con lancia (qui spezzata nel fianco del drago), come giusto per un san Giorgio. L'armatura andrebbe completata dall'elmetto (da cavallo o da incastro), dalle manopole e dalle gambiere, complete di arnesi (cosciali con ginocchielli), schinieri sani e scarpe. Scendendo da cavallo le gambiere diventano però inutili, scomode e dopo aver ucciso il drago si possono levare sia l'elmo, sia le manopole, così da mostrare con virile arroganza le mani forti, la capigliatu-

ra romana e la barba scura e volitiva.
(M.C.)

L'olio su cartone raffigura *San Giorgio e il drago* e porta sul retro un'etichetta strappata con la scritta a stampa "curator" e con grafia a mano in lingua inglese "St. George and the dragon by Eugène Delacroix (1798-1863)". L'opera è da attribuire, appunto, a Eugène Delacroix per gli effetti di luce e di atmosfera, per l'armonica fusione fra i motivi pittorici, per l'osservazione realistica del paesaggio naturale tra cielo e mare e dell'aitante figura maschile in primo piano.

San Giorgio, proposto a figura intera girato verso destra di due terzi, ha lo sguardo intenso nel volto con barba folta e capelli ricciuti. Indossa un'armatura del XVI secolo, è a capo scoperto e poggia con baldanza il piede sinistro sul corpo del drago colpito e steso a terra. Si appoggia alla lancia in cima alla quale ha infilato l'elmo avvolto in un lungo drappo mosso dal vento. Ha il braccio destro appoggiato sul fianco con il dorso della mano in atteggiamento baldanzoso.

La figura del santo si affianca a uno dei personaggi dipinto da Delacroix nella *Messa del cardinale Richelieu* (Ginevra, collezione Durand-Matthiesen); in un abbozzo (Parigi, collezione David Weill) per un'opera destinata alla Galleria del Palazzo Reale di Parigi (dove andò distrutta nell'incendio del 1848); e con maggiore intensità, per la postura di tutta la figura e per un'acuta e ardita cromia, allo straordinario personaggio *Turco seduto* (Parigi, Louvre).

Il *San Giorgio* in questione, con ampio impianto scenografico e rarefazione di protagonisti nella narrazione, incentiva in Delacroix la tendenza al ritratto. Probabile è la proposta di un figurante di spicco della veronesiana *Nozze di Cana* del Louvre, opera indubbiamente osservata in diretta. Così Delacroix scrive del grande pittore veneto nel *Journal*, "c'è un uomo che dipinge la luce

all'aria aperta l'unico che ha colto il segreto della natura, quest'uomo è Paolo Veronese". Nel nostro dipinto, costruito sulla mobilità della diagonale, il paesaggio sul mare al tramonto ha toni coloristici con nuvole azzurre e fredde illuminate di fronte e stagliate su onde grigie che sfumano nell'azzurro. La parte di terra è dominata dalle accensioni lunghe di lacca smagliante sui bruni e dagli argenti e i grigi del protagonista vincitore. Nelle opere di Delacroix, da quelle con soggetto letterario a quelle di tema allegorico e mitologico, a quelle storiche, esotiche, dai ritratti ai paesaggi e alle nature morte, meritano particolare considerazione i lavori religiosi. Delacroix ha fede; non crede nell'aldilà ma crede nell'arte perché soltanto attraverso l'arte la coscienza individuale, interrompendo la propria solitudine, riesce a comunicare. Il tema del *San Giorgio e il drago* acquista un particolare significato; infatti quando l'uomo si misura con la belva lo fa per dimostrare la forza della coscienza sull'istinto. Attraverso la valutazione della forza delle necessità interiori, che spingono a osare, si definisce la poetica di Delacroix: impegno autentico che costituisce la modernità dell'artista.

Il soggetto del *San Giorgio* è trattato anche in altre opere: nel 1828 (Francia, collezione privata), nel 1847, *San Giorgio combatte contro il drago* (Parigi, Louvre) e *San Giorgio combatte contro il drago* (Grenoble, Musée de Grenoble).

(L.B.)

Here Saint George is wearing the upper part of a "man-at-arms' armor", incomplete, consisting of the corselet with lance rest (faintly visible under the edge of the right shoulder strap), with tasses and pouches, back, pauldrons (asymmetrical, with the gorget), and complete armlets.

Very austere, elegantly burnished, and without futile adornments, judging by the shape it might be an armor of the first half of the sixteenth-century, perhaps between 1525-50. In any case it is

an armor for combat on horseback, with a lance (here broken in the dragon's side), as is appropriate for Saint George. To be complete the armor would have the helmet (a basinet or hinged), gauntlets and jambs, equipped with tassets and knee-pieces, sound greaves and shoes. After dismounting, the jambs become useless and cumbersome, and after killing the dragon the helmet or gauntlets can be removed, to display with virile arrogance strong hands, a Roman hair style, and a dark, characterful beard.

(M.C.)

The oil on cardboard portrays *Saint George and the Dragon* and bears a torn label on the reverse with the printed inscription "curator" and hand-written in English "St. George and the Dragon by Eugène Delacroix (1798 - 1863)". The work can indeed be ascribed to Eugène Delacroix for the effects of light and the atmosphere, for the harmonic blending of the pictorial motifs, the realistic observation of the natural sky and sea landscape, and the sturdy male figure in the foreground.

Saint George, shown in full-length two-thirds facing right, has an intense gaze, a thick beard, and curly hair.

He is wearing a sixteenth-century suit of armor. Bare-headed, he boldly rests his left foot on the felled dragon lying on the ground.

The Saint leans on his spear, on top of which he put his helmet enveloped in a long cloth tossed by the wind. His right arm rests on his hip with the back of his hand in a cocky attitude.

The figure of the Saint can be compared to one of the figures Delacroix painted in the *Mass of Cardinal Richelieu* (Geneva, Durand-Matthiesen collection); to a sketch (Paris, David Weill collection) for a work destined to the Gallery of the Royal Palace in Paris (where it was destroyed in the fire in 1848); and even more so, by the intensity of the figure and the sharp, bold coloring, to the extraordinary figure of the *Seated Turk* (Paris, Louvre).

Our *Saint George*, with its ample

scenographic organization and the rarefaction of the protagonists in the narration, emphasizes Delacroix's taste for the portrait. There is a probable suggestion from an outstanding figure in Veronese's *Wedding at Canaa* in the Louvre, a work doubtless directly observed. Delacroix wrote about Veronese in his *Diary* in these terms: "[…] there is a man who paints light in the open air, the only one to have grasped nature's secret, and that man is Paolo Veronese […]". In our painting, organized on the shifting diagonal, the seascape at sunset has coloristic tones with cold blue clouds lit frontally and standing out against gray waves shading into blue. In the land part, long dazzling enamel highlights on the browns hold sway beside the silvers and grays of the victorious protagonist. Among Delacroix's works, including the ones with a literary subject or with allegorical and mythological themes, historical or exotic ones, portraits, landscapes, and still lifes, his religious pictures deserve special attention. Delacroix is a man of faith. He does not believe in the Afterworld but does believe in art, because it is only through art that individual consciousness, breaking out of solitude, can communicate. The theme of *Saint George and the Dragon* takes on a particular signification: when man measures himself against the wild beast he does so to prove the power of consciousness over instinct. The recognition of the strength of inner necessity which urges man to dare is the essence of Delacroix's poetics: this authentic commitment is the artist's modernity.

The subject of *Saint George* is treated in other works as well: in 1828 (France, private collection), in 1847, Saint George Fights the Dragon (Paris, Louvre), and *Saint George Fights the Dragon* (Grenoble, Musée de Grenoble).

(L.B.)

30. Camicia di maglia fine a grano d'orzo / Fine chain-mail shirt with beading
Italia, primo quarto del XVI secolo
Collo ad anello rinforzato e bordura a grani d'ottone
Brescia, Museo delle Armi "Luigi Marzoli", inv. n. 1111, serie c 25

Italy, first quarter of the sixteenth century
Link collar, lined and with brass bead trimming
Brescia, Museo delle Armi "Luigi Marzoli", inv. n. 1111, series c 25

31. Gonnellone floreale e camicia jeans / Flower skirt and denim blouse
Primavera-estate / Spring-Summer 1992

Insieme da sera composto da ampia gonna in *twill* di seta stampata con inserimenti di pizzo *macramé* oro e fiocchi in *crêpe* di seta, di ispirazione romantica e da camicia in *denim* con profili e ribattiture oro. Sorpren-

te l'accostamento di una gonna dai volumi esagerati e ricca di dettagli preziosi a una semplice camicia jeans.

Evening ensemble featuring a romantic printed twill silk full skirt with appliqués of gold *macramé* lace and silk *crêpe* bows, and a denim blouse with gold stitching and riveting. A surprising combination of an excessively full skirt enhanced with precious details and a plain denim blouse.

32. Francesco Podesti
Ancona 1800-1895
Ritratto di giovinetta, 1838-40
Olio su tela, 58,5 × 46 cm
Collezione privata
Restauri: Savinio Bortoluzzi, Venezia 2001, pulitura

Ancona 1800-1895
Portrait of a Young Girl, 1838-40
Oil on canvas, 58.5 × 46 cm
Private collection
Restoration: Savinio Bortoluzzi, Venice 2001, cleaning

La giovinetta ritratta sfoggia un abbigliamento e un'acconciatura perfettamente in linea con il gusto vestimentario documentato in numerosi figurini di moda e in alcuni ritratti datati tra il 1838 e il 1840.
L'abito da sera turchese presenta l'ampia scollatura da spalla a spalla detta "a barca", con grande collo ribassato che gira intorno alle spalle sottolineando la scollatura, la "berta", che mette in evi-

denza il busto e restringe la vita; il corpetto è perfettamente aderente ed è probabilmente appuntito nella parte inferiore, secondo una moda diffusa proprio tra gli anni Trenta e l'inizio dei Quaranta; le maniche sono "a bouillone", tagliate al gomito, aderenti nella parte superiore e ornate da uno sbuffo e da "rouches". L'acconciatura, definita "à la Sévigné", presenta la classica scriminatura centrale con fitti boccoli laterali "anglaises", fissati, secondo la moda più raffinata e costosa, da pettini di tartaruga.
(M.C.)

Il presente *Ritratto di giovinetta* è testimonianza di notevole qualità dell'arte dell'Ottocento, riferibile, più precisamente, agli anni Trenta. Esso rimanda con assoluta assonanza a un *Ritratto di giovane signora*, opera certa di Francesco Podesti, apparsa alla di lui mostra, tenutasi nella Mole Vanvitelliana di Ancona, nel 1996, in occasione del centenario della sua scomparsa.
Nella sua lunga vita Podesti ha avvertito profondamente l'evolversi dei tempi, passando da un neoclassicismo di origine canoviana a uno psicologismo romantico che lo avvicina all'Hayez e ad altri europei di quel periodo, per concludere la sua attività con un accademismo ormai stanco, nel momento stesso in cui si aprivano nuove correnti dell'arte moderna, da lui non avvertite, o comunque respinte.
A proposito del *Ritratto di giovane signora*, Gian Lorenzo Mellini, noto studioso dell'arte dell'Ottocento, avverte che l'artista nell'eseguirlo ha tenuto a modello un famoso prototipo rinascimentale, la *Velata* di Raffaello. È noto quanto devoto ammiratore dell'Urbinate fosse il Podesti. Ebbene, un aggancio al Sanzio c'è anche in quest'opera, che rivela un'impostazione analoga a quella in cui egli si ritrae nel grande affresco della *Scuola di Atene*.
L'avvicinamento di questo ritratto inedito a quello apparso nella mostra di Ancona, al numero 14 di catalogo,

è suggerito dallo stesso abito, dal colore turchese e dalla identica foggia, con una stesura pittorica giocata con identiche luci e con effetti che hanno lo stesso valore cromatico, frutto evidentemente della stessa mano.
Ecco, dunque, che la grande tradizione ritrattistica del Podesti si arricchisce di quest'opera, che ne conferma la qualità e lo colloca tra i maggiori artisti dell'Ottocento.
(P.Z.)

The young girl portrayed displays an attire and a hair style that accurately reflect the sartorial taste documented in numerous fashion prints and several portraits dating to 1838-40. The turquoise evening dress has the wide low shoulder-to-shoulder neckline called a "boat neck", with a large collar going around the shoulders emphasizing the décolleté, the "Bertha" underlining the bust and tight at the waist; the bodice is close-fitting and probably pointed at the bottom, as was the fashion between the 1830s and early 1840s; the sleeves are ruffled and end at the elbow, close-fitting in the upper part and puffed and probably graced with a "rouches". The hair style is called "à la Sévigné", with the classic part in the middle and tight curls or ringlets on each side, and held with tortoise-shell combs in the most lavish, elegant style.
(M.C.)

This *Portrait of a Young Girl* offers a remarkable testimony of nineteenth-century art belonging, to be precise, to the 1830s. It vividly recalls a *Portrait of a Young Lady*, an ascertained work by Francesco Podesti, shown in the exhibition of his works held at the Mole Vanvitelliana in Ancona in 1996 to celebrate the hundredth anniversary of his death.
During his long lifetime Podesti, fully aware of the changing times, evolved from a Canova-style Neo-Classicism to a Romantic psychological approach offering affinities with Hayez and other Europeans of that

period. Yet he ended his career in a rather worn-out academism, at the very time of the rise of the new trends of modern art, which he failed to discern or else rejected.
Referring to the *Portrait of a Young Lady*, Gian Lorenzo Mellini, the well-known historian of nineteenth-century art, observed that the artist in painting this work utilized a famous Renaissance prototype, that is, Raphael's *Donna Velata*. It is established that Podesti was a devout admirer of the Urbino painter. Well, in this painting there is another connection with Sanzio, since the pose is analogous to the way he portrayed himself in the great fresco of *The School of Athens*.
Comparison of this unpublished portrait with the one shown in the Ancona exhibition, n. 14 in the catalog, is suggested by the same dress, turquoise as well, and the same style, with a pictorial handling playing on identical lights and effects with the same chromatic value, obviously created in the same hand.

So now this work comes to enrich Podesti's great portraiture tradition, confirming its quality and ranking him among the greatest nineteenth-century artists.
(P.Z.)

33. Angelo Inganni
Brescia 1807-1880
Ritratto di Ersilia, 1853
Olio su tela, 95,5 × 79,4 cm
Firmato e datato: "Angelo Inganni 1853"
Brescia, Musei Civici d'Arte e Storia, inv. n. 527
Provenienza: legato Annetta Ferioli Mignani, 1930

Brescia 1807 - 1880
Portrait of Ersilia, 1853
Oil on canvas, 95.5 × 79.4 cm
Signed and dated: "Angelo Inganni 1853"
Brescia, Musei Civici d'Arte e Storia, inv. n. 527
Provenance: Annetta Ferioli Mignani bequest, 1930

L'abito elegante da pomeriggio di Ersilia è in taffettà di seta cangiante a due colori, secondo un gusto che dura dagli anni Quaranta, di cui anche la fibbia preziosa è retaggio, a sottolineare la vita quasi rotonda. La presenza delle alte balze arricciate sulla gonna data il modello chiaramente agli anni Cinquanta, momento in cui erano in auge i volants *sulla parte inferiore del vestito. Il corpetto ha le spalle che scivolano verso il basso, sottolineate da una fitta arricciatura, che fa risaltare il rigoglio del busto e la sottigliezza della vita. Le maniche sono svasate verso il fondo e lasciano sbucare il pizzo del camicino bianco, che si vede anche nello scollo profondo a "V" del corpino.*
Il medaglione appuntato sul nastro è volutamente indossato in modo inge-

nuo, quasi a temperare il lusso della stupenda seta dell'abito.
(M.C.)

Quest'opera, stupenda rappresentazione d'ambiente borghese, non è da ritenersi un ritratto vero e proprio, ma piuttosto una rappresentazione idealizzante di un prototipo di bellezza femminile. Questo genere, diffuso verso la metà dell'Ottocento, fu portato al massimo vertice da Francesco Hayez con la sua celebre serie di *Malinconie* (a partire dal 1840). Piuttosto che all'atmosfera intellettualistica di Hayez, Inganni si ispira però alle opere più disimpegnate del veneziano Natale Schiavoni, che, coi suoi "bei quadri di tipi donneschi", contribuì a diffondere il genere in un territorio più vasto: declina il tono alla propria particolare maniera, calando la rappresentazione nella domestica contemporaneità. Rende dettagliatamente l'ambiente in cui il pianoforte, la cornice di un quadro, la poltrona Luigi Filippo, il tendaggio elegantemente drappeggiato, conferiscono un sapore tutto *Biedermeier* al dipinto.
Ersilia è raffigurata con un abito complicato e lussuoso, nel quale il disegno diligente e l'attenzione alla resa di luce e colore conferiscono verità alle sete e alle trasparenze dei merletti. Gli effetti di luce esaltano i boccoli morbidamente raffigurati, che incorniciano un volto dallo sguardo languido e sentimentale, motivato dall'atteggiamento: la donna tiene nella mano sinistra – portandola al seno – una lettera inviata a una dama genovese il cui cognome inizia con "Mil…", mentre con la destra stringe un medaglione con un ritratto maschile, raffigurante l'amato. La semplice genuinità dell'espressione mostra tutta la distanza che Inganni prende dalle sofisticate bellezze di Hayez, il cui atteggiamento è decisamente più meditativo e distaccato, per rivolgersi a un realismo più tipicamente lombardo.
(C.G.)

Ersilia's elegant afternoon attire is a bi-

color iridescent silk taffeta, in vogue since the 1840s, of which another legacy is the precious buckle, underscoring the almost round waist. The presence of high wavy frills on the skirt clearly dates the model to the 1850s, when flounces at the bottom of the dress were the fashion. The bodice has sloping shoulders, emphasized by tight puckers accentuating the curve of the bosom and the narrow waist. The sleeves are flared toward the wrists showing the lace trimming of the white chemise, that also appears in the low "V" neckline of the bodice.
The medallion pinned to the ribbon is intentionally worn ingenuously, almost as to tone down the lavishness of the gorgeous silk of the dress.
(M.C.)

This work, a superb representation of a bourgeois interior, should not be considered an authentic portrait, but instead an idealizing representation of a prototype of womanly beauty. That genre, widespread toward the mid-nineteenth century, climaxed with Francesco Hayez and his famous *Melancholies* series (after 1849). Unlike Hayez's intellectualizing atmosphere, Inganni was more inspired by the freer works of the Venetian Natale Schiavoni who, with his "bei quadri di tipi donneschi" (fine pictures of female types), contributed to widely diffuse the genre: he interpreted the tone in his own manner, setting the scene in a contemporary interior. He rendered in detail the room in which the piano, a picture frame, the Louis Philippe armchair, the elegantly draped curtains, give the picture a *biedermeier* flavor.
Ersilia is depicted wearing an elaborate, lavish dress. Painstaking draftsmanship and careful rendering of light and color give veracity to the silks and the transparencies of the lace. The light effects enhance the soft curls framing the face. The woman's languid, sentimental gaze is explained by the pose: she is holding in her left hand – which she bears to

her breast – a letter sent to a Genoese lady whose name begins by "Mil…", while with her right hand she presses a medallion with a man's portrait, depicting her beloved. The simple genuineness of her expression shows that Inganni had forsaken the sophisticated beauties of Hayez, whose attitude is decidedly more meditative and detached, preferring to adopt a more typically Lombard realism.
(C.G.)

34. Angelo Inganni
Ritratto di Amanzia Guérillot davanti allo specchio, 1860 ca.
Olio su tela, 90,5 × 74,5 cm
Brescia, Musei Civici d'Arte e Storia, inv. n. 532
Provenienza: legato Annetta Ferioli Mignani, 1930

Portrait of Amanzia Guérillot in Front of a Mirror, ca. 1860
Oil on canvas, 90.5 × 74.5 cm
Brescia, Musei Civici d'Arte e Storia, inv. n. 532
Provenance: Annetta Ferioli Mignani bequest, 1930

La toilette indossata da Amanzia si può definire un'elegante mise da salon, *ossia destinata alla conversazione elegante, ma non di gala, come informano i giornali di moda dell'epoca, sempre attenti a distinguere gli abiti adatti per ogni occasione secondo rigide regole di etichetta. L'acconciatura di nastri e piume accompagna un abito di tono elegante, ma non destinato al ballo, per la presenza delle maniche lunghe. Il corpetto*

è un corsage a basques, *ossia una sorta di giubbetto dalla lunga basca orlata di merletto nero e dalle maniche svasate al fondo, indossato su una tenue camicia di velo, della quale si vedono le sotto-maniche trasparenti e il largo collo ricamato a traforo. La gonna di taffettà di seta verde è assai voluminosa e adorna delle altissime balze di moda nella seconda metà degli anni Cinquanta, quando entrano in uso le grandi gabbie a cerchi dette* cage-crinoline.
(M.C.)

La tela è ricordata come il ritratto della moglie del pittore negli elenchi del legato Ferioli Mignani. Amanzia Guérillot, figlia del primo contabile di Napoleone, fu allieva di Inganni e, alla morte del padre nel 1845, l'artista ne divenne il tutore. Come Inganni stesso scrive nella sua autobiografia, sposò Amanzia nel 1856, un anno dopo la morte della prima moglie Aurelia Bertera.
Il dipinto, realizzato probabilmente pochi anni dopo il matrimonio, è un tipico esempio della produzione di genere del periodo bresciano, in cui si mescolano un'abile capacità ritrattistica insieme all'attenzione nella resa dei dettagli e degli effetti di illuminazione alla "fiamminga". In quest'opera più che in altre si manifesta la vena tipicamente *biedermeier* della produzione di Inganni, quella del ritratto ambientato o istoriato, in cui l'ambiente è restituito con dovizia di particolari. Con questo ritratto l'artista si colloca nel solco della tradizione ritrattistica di Giuseppe Molteni, di cui però semplifica l'ambientazione scenografica per concentrarsi sulla resa della figura. Il rapporto di particolare familiarità con Amanzia è sottolineato dall'inquadratura non convenzionale e di grande immediatezza, nella quale la donna è osservata a distanza ravvicinata da una poltrona del suo *boudoir* mentre sta per appuntarsi un gioiello sull'acconciatura. I riflessi di luce conferiscono al dipinto un tono di affettuosa intimità e sottolineano con virtuosismo i dettagli dell'abito, come le pieghe del

panneggio, i merletti e i nastri, oltre alla qualità materica e tattile dei tessuti, grazie alla precisione del disegno e all'uso particolarmente evocativo del colore.
Il dipinto è da mettere in relazione a un disegno preparatorio a inchiostro su carta, conservato nel Fondo Inganni dei Civici Musei di Arte e Storia di Brescia, realizzato di getto con l'utilizzo della quadrettatura. Rispetto alla versione finale sono presenti dettagli d'ambiente, quali una poltrona e la cornice di un quadro, che l'artista eliminerà.
(C.G.)

The outfit Amanzia is wearing can be defined elegant drawing-room attire, that is, meant for polished conversation rather than gala dress, as reported by fashion journals, always careful to distinguish the proper garment for every event in keeping with strict rules of etiquette. The hair style with ribbons and feathers goes with a dress that is elegant but not a ball gown, as the long sleeves indicate. The bodice is a blouse with basques, that is, a sort of jacket with a long basque with black lace trimming and sleeves flared above the wrist, worn over a light voile underbodice, and showing its transparent undersleeves and wide lacework embroidered collar. The green silk taffeta skirt is extremely full and graced with the high flounces fashionable in the second half of the 1850s, when the large round hoops called crinoline cages became popular.
(M.C.)

In the lists of the Ferioli Mignani bequest the canvas is recorded as the portrait of the painter's wife. Amanzia Guérillot, the daughter of Napoleon's chief accountant, was a pupil of Inganni, and at her father's death in 1845 the artist became her guardian. As Inganni himself wrote in his autobiography, he married Amanzia in 1856, a year after the death of his first wife Aurelia Bertera. The painting, probably executed just a few years after their marriage, exemplifies the genre production of

the Brescian period, where portraiture skill was associated with careful rendering of details and "Flemish-style" light effects. This work displays more than some others the typically *biedermeier* vein of Inganni's production, that of the portrait with a setting or a narration, in which the surroundings are rendered with a wealth of detail. In this way the artist followed Giuseppe Molteni's portraiture tradition, yet simplifying the setting to concentrate on rendering the figure. The particularly intimate relationship with Amanzia is underscored by the unconventional close-cropping, in which the woman is seen close up from an armchair in her boudoir while she is putting a jewel in her hair. The light reflections give the picture a tone of affectionate intimacy and skillfully emphasize the particulars of her dress, like the folds of the drapery, the lace, and the bows, as well as the textural qualities of the materials, thanks to the accuracy of the drawing and highly suggestive use of color.
The painting should be linked to an ink on paper preparatory drawing, preserved in the Inganni Collection of the Civici Musei di Arte e Storia in Brescia, quickly sketched and using squaring. Compared to the final version, it features items of the interior, like an armchair and a picture frame, which the artist later removed.
(C.G.)

L'arte contemporanea. Warhol, Delaunay, Dine e Calder
Contemporary Art. Warhol, Delaunay, Dine, and Calder

35. Abito Malraux / Costume for Malraux

Costume di scena realizzato per il balletto *Malraux ou la métamorphose des Dieux*, andato in scena il 14 novembre 1986 al Cirque Royal di Bruxelles, con la scenografia e la coreografia di Maurice Béjart. L'abito, ispirato alla Deauville degli anni Trenta, è relizzato in *crêpe de chine* color avorio con bordi e fusciacca neri.

Stage costume for the ballet *Malraux ou la Métamorphose des Dieux*, performed at the Cirque Royal of Brussels, 14 November 1986, with scenography and choreography by Maurice Béjart. The outfit, inspired by Deauville in the '30s, is made of ivory colored crêpe de Chine with black trimming and sash.

36. Emile Bernard
Lille 1868 - Parigi 1941
Ritratto femminile, 1928 ca.
Olio su cartone, 67 × 54 cm
Sul retro cartellino e timbri della
Galleria Michelangelo, Bergamo
Collezione privata

Lille 1868 - Paris 1941
Portrait of a Woman, ca. 1928
Oil on cardboard, 67 × 54 cm
On the reverse label and stamps of
the Galleria Michelangelo, Bergamo
Private collection

L'elegantissima figura ritratta da Bernard esibisce un abbigliamento che ben documenta, nell'uso dei colori bianco e nero dei tessuti, la moda lanciata intorno agli anni Trenta da Coco Chanel. L'abito, con ampia scollatura a V, lascia intravedere la camicia bianca sotto l'abito e la raffinata fusciacca nera. L'acconciatura con le chiome ondulate, ottenute con il metodo Marcel, presenta sia la classica scriminatura centrale, sia il tradizionale colore nero uniforme dei capelli, elementi, entrambi, tipici della moda francese degli anni 1928-30.
(M.C.)

Quando Emile Bernard dipinge questo ritratto è ormai lontano dalle esperienze vissute sui vent'anni in Bretagna, a Pont-Aven, con Gauguin, Schuffenecker, Roy, Anquetin, Laval e successivamente Serusier, di cinque anni più vecchio di lui, ma più incline ad assumere la parte dell'allievo di Gauguin, accettato ormai quale capo di questo "gruppo" o "scuola" di Pont-Aven. È lontano anche dal radicale mutamento cui lo aveva portato una crisi acutizzata dalla morte di van Gogh, suo amico sin dagli anni di scuola all'Atelier Cormon di Parigi, da cui furono espulsi insieme nell'86. Un mutamento reso presagibile da una tela dipinta nel 1893 in cui un cupo rettangolo di colore pare avvolgere e comprimere i partecipanti al funerale di Vincent e divenuto irreversibile per la rottura violenta con Gauguin, che accetta di farsi considerare l'inventore del "cloisonnisme", creato invece da Bernard e chiamato così dal critico Dujardin.
Probabilmente è anche l'attività collaterale di critico d'arte e scrittore a creargli i motivi di un tale distacco: quasi un bisogno di andare controcorrente rispetto alle dilaganti avanguardie. Sta di fatto che la nuova strada, con l'occhio puntato alla "Grande tradizione", cioè a un lontano passato, sarà per lui quella definitiva.
Siamo qui di fronte a un'opera che appartiene a trenta o quarant'anni dopo il grande cambiamento apportato da Bernard nella sua arte. L'artista ha ormai accumulato esperienze nei suoi viaggi in Italia, in Medio Oriente e in Spagna, ha dipinto a fresco, è maturato nel dolore per la perdita di tre figli avuti dalle due compagne di vita, è vissuto a Venezia e ha esposto alla Biennale del 1922.
Il ritratto femminile qui esposto, per ora non associabile a un'identità nota, sottolinea l'aspetto meditativo e dolente della figura attraverso l'assenza della luce negli occhi, in cui il triangolo bianco della cornea ferma lo sguardo in un atteggiamento di determinata volitività. Il carattere del soggetto – parte fondamentale della ritrattistica di Bernard – è esaltato dalla grande macchia luminosa, quasi priva di ombre, del viso e della scollatura, come se un pensiero senza debolezze e incertezze conferisse alla donna l'atteggiamento altero, che il rosso delle labbra suggella inequivocabilmente. Il colore scuro tinge di agitazione e tormento l'opera, mentre la luce alle spalle della figura ne esalta la metafora di un trascorso positivo. Tre tocchi luminosi per gonfiare i neri capelli e quasi null'altro si concede questa pittura essenziale e magistralmente completa.
(E.P.)

The extremely stylish figure portrayed by Émile Bernard displays an outfit which, with the use of black and white in the fabrics, perfectly documents the fashion Coco Chanel launched in the 1930s. The suit, with a low "V" neck, shows the white blouse underneath and the refined black sash.
The hair style with waves, obtained by the Marcel method, features both the classic part in the middle, and the traditional dark hair, both typical of French fashion in the years 1928-1930.
(M.C.)

When Émile Bernard painted this portrait he had come a long way since the experiences he had in Brittany, at Pont-Aven, with Gauguin, Schuffenecker, Roy, Anquetin, Laval, and subsequently Serusier, five years his elder but more inclined to pose as a pupil of Gauguin, now recognized as the head of that Pont-Aven "group" or "school". He was also far from the radical change resulting from a crisis exacerbated by the death of van Gogh, his friend since their years of training in Paris at the Atelier Cormon, from which they were both expelled in '86. A change foreshadowed by a canvas painted in 1893, in which a dark colored rectangle seems to envelop and crush the persons attending Vincent's funeral. This change became irreversible when he violently broke with Gauguin, who was willing to pass for the inventor of *cloisonnisme*, instead created by Bernard and thus named by the critic Dujardin.
Doubtless also his activity as art critic and writer contributed to this detachment: almost a need to go against the trend of the pervasive avant-gardes. The fact is that his new course, with his eye on the "Grand tradition", that is, a remote past, was to last.
Here we have a work dating thirty or forty years after the great mutation in Bernard's art. By then the artist had amassed experiences in his travels in Italy, the Middle East, and Spain, done frescoes, been matured by the death of the three children he had with his two female companions, had lived in Venice, and shown in the 1922 Biennale.
The woman's portrait exhibited here, presently not associated with a known identity, underscores the figure's meditative, grieving expression, with the absence of light in the eyes, in which the white triangle of the cornea freezes the gaze in an attitude of determined volition. The subject's character – an essential part of Bernard's portraiture – is heightened by the large glowing spot of the face and neckline, almost shadowless, as though an unyielding, undoubting thought gave the woman this haughty attitude, unmistakably confirmed by the bright red lips. The dark color in front steeps the work in agitation and anguish, while the light behind the figure emphasizes the metaphor of a positive past. The sole concession of this bare, masterfully complete painting: three touches of light to give fullness to the black hair, and almost nothing else.
(E.P.)

37. Abito WHAAM / WHAAM **dress**
Settembre / September 1996

Abito da sera in *jersey* sintetico *dévoré*, realizzato in occasione della Biennale

d'Arte di Firenze Edizione 96.
L'abito accompagnava una installazione di Roy Lichtenstein e si ispira alle suggestioni fumettistiche dei suoi quadri.

Evening gown in synthetic jersey *dévoré*, created for the 1996 Florence Art Biennial.
The dress went with an installation by Roy Lichtenstein and derives from the comic strip allusions in his paintings.

38. Roy Lichtenstein
New York 1923-1997
That's the way (Hopeless), 1963
Serigrafia, 94 × 94 cm
Collezione privata

New York 1923-1997
That's the way (Hopeless), 1963
Silk-screen print, 94 × 94 cm
Private collection

Quadro tra i più famosi di Lichtenstein, *Hopeless*, appartiene alla produzione dei primi anni Sessanta, quelli della svolta in direzione pop, quando l'artista, dopo una lunga militanza nel gruppo dell'espressionismo astratto, raggiunge una completa e originale definizione. Come molti altri colleghi della sua generazione, Lichtenstein è attratto dalla forza devastante e invasiva dei mezzi di comunicazione di massa. Uno in particolare, il fumetto, diventa il terreno delle sue sperimentazioni. Dopo un breve corteggiamento di personaggi famosi (Donald Duck, Bugs Bunny, Mickey Mouse), l'artista tenta soprattutto di raggiungere la banalità del motivo anonimo, per potersene appropriare attraverso il proprio tocco. A differenza di Warhol, ad esempio, che utilizza le grandi figure mediatiche americane, Lichtenstein sceglie personaggi fittizi. Non è più l'individuo che conta per lui, ma piuttosto l'archetipo, il *cliché* che rappresenta. Come un fotogramma tagliato dal resto della pellicola, l'episodio prescelto, isolato dal suo contesto narrativo, diventa un rebus estetico e concettuale. Il suo stile nasce dall'adozione della tecnica della "retinatura", propria della stampa, che permette di riprodurre un'immagine a colori, scomponendola in quattro colori fondamentali (nero, giallo, cyan e magenta). La retinatura, che una volta stampata è spesso invisibile a occhio nudo, nei suoi ingrandimenti prende invece una evidenza tale da diventare, suo malgrado, il marchio di riconoscimento del suo stile. Come in altri casi, l'opera deve il suo titolo alla vignetta inserita nell'immagine: *Ecco è così! Avrebbe dovuto esserci un inizio! Ma non c'è più nulla da sperare*, fine prematura di una storia d'amore probabilmente neppure mai incominciata, pseudo dramma quotidiano, a metà strada tra il *feuilletton* e la *soap-opera*. L'immagine è talmente straripante di sentimentalismo e pathos, da finire per provocare nello spettatore un effetto ironico, critica (involontaria?) della società che l'ha prodotta. (B.M.)

One of Lichtenstein's most famous pictures, *Hopeless*, belongs to the production of the early '60s, the years of his transition to Pop Art, when the artist, after a long militancy in the Abstract Expressionist group, achieved his full, original identity. Like many of his peers, Lichtenstein was attracted to the devastating, invasive power of mass media. The comic strip in particular became his experimental field. After a short courtship with famous figures (Donald Duck, Bugs Bunny, Mickey Mouse), the artist endeavored especially to attain the banality of the anonymous motif, to appropriate it with his own touch. Unlike Warhol, for instance, who used the leading American media figures, Lichtenstein chose fictitious ones. For him what matters is not the individual, but the archetype, the cliché it represents. Like a photogram cut out of the rest of the film, the selected episode, taken out of its narrative context, becomes an esthetic and conceptual riddle. His style arises from the use of the half tone screening technique, a printing process allowing to reproduce a color image, decomposing it into four basic colors (black, yellow, cyan, and magenta). Half-tone screening, which once it is printed is often invisible to the bare eye, in enlargements becomes so evident that despite himself it became the label of his style. *That's the way! It should have been a beginning! But it's hopeless*, a premature end to a love story which probably never even began, an everyday pseudo-tragedy, midway between serial and soap opera. The image is so overflowing with sentimentality and pathos that it ends up by creating in the beholder an ironic effect, critical (unwillingly?) of the society which produced it. (B.M.)

**39. Completo pop Linda Evangelista /
Linda Evangelista Pop suit**
Primavera-estate / Spring-Summer 1991

Completo composto da giacca in seta stampata, T-shirt, gonna a pieghe in *twill* e calzamaglia. I motivi sono ispirati alla pop art.

Suit consisting of a printed silk jacket, T-shirt, twill pleated skirt, and tights. The motifs are inspired by Pop Art.

40. Abito Warhol / Warhol dress
Primavera-estate / Spring-Summer 1991

Abito sottoveste in *crêpe* di seta stampata a immagini policrome ispirate all'arte di Andy Warhol. La scollatura è sottolineata da un fitto ricamo di perline e cristalli multicolori. Nel 1991 Versace sceglie immagini ormai classiche di Warhol realizzate negli anni Sessanta.

Slip dress in silk *crêpe* printed with

polychrome images inspired by Andy Warhol's art.

The neckline is enhanced with an elaborate embroidery of beads and multicolored crystals. In 1991 Versace selected Sixties' Warhol images henceforth become classics.

41. Andy Warhol
Filadelfia 1930 - New York 1987
Flowers, 1970
Serigrafia su cartoncino,
91,5 × 91,5 cm
Editor Factory Addition-New York
Collezione privata

Philadelphia 1930 - New York 1987
Flowers, 1970
Silk-screen print on cardboard,
91.5 × 91.5 cm
Editor Factory Addition-New York
Private collection

Apparentemente tra le più rassicuranti del repertorio warholiano, la serie dei *Flowers* condensa sia gli stereotipi sia le tecniche più amati dall'artista. La ripetizione modulare di un'essenza di fiore a cinque petali e un colore, serigrafato e quasi trasparente, non veicola l'aggressività degli altri soggetti indagati dallo statunitense, come le icone *glamour* o le sedie elettriche monocrome, ma ne suggerisce tutta l'inquietudine e la precarietà insita. Quasi fossero una moderna interpretazione di quelle nature morte con vaso di fiori o canestra di frutta e cesta di fiori, espressione della *vanitas* e martellante richiamo biblico alla caducità della vita e alla transitorietà dei beni materiali. *Hora fugit...* questi bei fiorellini dai colori tenui annunciano il tempo oramai prossimo della primavera ma sono destinati a sfiorire in fretta e a dissolversi, come suggerisce la tiratura in infiniti multipli. Inserendo tra i frutti autunnali una mela bacata e un pampino intaccato dalla ruggine, caricando una natura morta con una composizione di strumenti musicali, il senso del trascorrere del tempo, gli antichi palesavano la drammaticità dei secoli percorsi da guerre e da pestilenze, ostentavano il pessimismo collettivo di fronte alle tragedie dell'umanità. Di fronte al fantasma cupo della morte e ai motivi lugubri dei maestri del Seicento, quello di Warhol potrà sembrare un capriccio, un urlo sospeso e filtrato dalla società dell'effimero e, per questo motivo, ancora più pungente.
(R.F.)

Apparently one of the more reassuring series in Warhol's repertory, *Flowers* sums up at once the artist's stereotypes and favorite techniques. The modular repetition of the essence of a flower with five petals and a single color, silk-screen printed and almost transparent, does not convey the aggressiveness of the other subjects the American treated, like the glamour icons or monochrome electric chairs, yet does hint at their anxiety and inherent precariousness. They are almost like a modern interpretation of those still lifes with a vase of flowers or a dish of fruit and a basket of flowers, expression of the *vanitas* and insistent biblical reminder of the frailty of life and the transience of material things. *Hora fugit...* these lovely flowers with their delicate colors announce that spring is near, but they are fated to quickly bloom and wither, as the endless multiples of the drawing suggest. When the ancients placed among the autumn fruit a maggoty apple and a bunch of grapes veiled with blight, thronged a still life with a composition of musical instruments–the sense of fleeting time–, they revealed the drama of centuries of war and pestilence, displaying the collective pessimism at the sight of the tragedies of humankind. Compared to the somber phantasm of death and the gloomy motifs of the seventeenth-century masters, Warhol's may seem like a whim, a shriek suspended and filtered by the society of the ephemeral, and for that very reason, even more pungent.
(R.F.)

42. Andy Warhol
Marilyn Monroe, 1967
Serigrafia, 91,5 × 91,5 cm
Editor Factory Addition-New York
Collezione privata

Marilyn Monroe, 1967
Silk-screen print, 91.5 × 91.5 cm
Editor Factory Addition-New York
Private collection

Marilyn, la Campbell's Soup, la Coca Cola, Jacqueline Kennedy e il Che Guevara. Questo è l'immaginario reale e contemporaneo di Warhol, opportunamente trasposto dal maestro della pop art in opere seriali, prodotti di consumo esse stesse. Per formazione egli predilige le tecniche tipografiche e, su tutte, la serigrafia: il mezzo ideale per scomporre i colori, tirare l'immagine un numero di volte fino a sgretolare la sua pellicola satura. Il trattamento meccanico dei suoi soggetti prediletti è l'asse dell'operazione metaforica che lo statunitense applica all'intera società del consumo; passaggio dopo passaggio il soggetto si presenta logoro, sfatto, consumato. Warhol non è entusiasta della cultura di massa e neppure dell'*american life style*.
Le immagini che l'artista ricicla gli arrivano direttamente dai rotocalchi e da tutto ciò che ha "fatto notizia": l'incidente d'automobile, la sedia elettrica, lo stupro. "Studia come quelle immagini notizia – come scrisse Giulio Carlo Argan – vengano digerite dall'inconscio, si schematizzino, si trasformino in slogan visivi: basterà una macchia rossa a dire la bocca di Marilyn Monroe, una macchia nera per la barba di Guevara" (*L'arte moderna*, Firenze, 1988, p. 533). Sono icone o fotografie già inflazionate dalla carta stampata, riconoscibili ancora prima di essere guardate. Sono i miti di oggi. E il mito, come lo ha descritto Roland Barthes nella sua memorabile cronaca della vita quotidiana parigina, è un linguaggio, anzi un metalinguaggio. Il mito è una parola o, secondo Warhol, un'immagine.
(R.F.)

Marilyn, Campbell's Soup, Coca Cola, Jacqueline Kennedy, and Che Guevara. There you have Warhol's real and contemporary imaginary, opportunely transposed by the master of Pop Art in mass-produced works, consumer products themselves. His training induced him to prefer typographical techniques, and most of all, silk-screen printing: the ideal way to decompose colors and draw the image enough times to wear out its saturated film. The mechanical treatment of his favorite subjects is the mainstay of the metaphorical process the American applied to the entire consumer society; passage after passage the subject appears exhausted, undone. Consumed. Warhol is not a fan of mass culture, nor of the American lifestyle.
The images the artist recycled came directly from the press and from everything that was "in the news": an automobile accident, the electric chair, rape. "He studies how those news images", as Giulio Carlo Argan wrote, "are digested by the unconscious, schematized, turned into visual slogans: a red spot is all you need to say Marilyn Monroe's mouth, a black spot for Guevara's beard" (*L'arte moderna*, Florence, 1988, p. 533). They are icons or photographs already

inflated by printed paper, recognizable even before you look at them. They are today's myths. And myth, as Roland Barthes described it in his memorable chronicle of everyday Parisian life, is a language, indeed a meta-language. Myth is speech, or, according to Warhol, an image. (R.F.)

43. Abito Delaunay / Delaunay dress
Autunno-inverno / Fall-Winter 1989-90

Abito da sera in maglia sintetica nera con ricami e applicazioni di perline policrome e cristalli Swarovski. Gli artisti Robert e Sonia Delaunay, con i loro contrasti cromatici e i moderni piani di colore hanno costituito uno stimolo per Versace, soprattutto perché Sonia Delaunay aveva lavorato nella moda, come in altre applicazioni artistiche, ed è stata una delle prime a incarnare quel genere di artista-stilista quale voleva essere Versace.

Evening gown in black synthetic knit with embroidery and appliqués of polychrome beads and Swarovski crystals. The artists Robert and Sonia Delaunay, with their chromatic contrasts and modern color planes were a stimulus for Versace, especially because Sonia Delaunay worked in fashion, like in other artistic fields, and was one of the first to embody the kind of artist-fashion designer Versace aspired to become.

44. Sonia Terk Delaunay
Ucraina 1885 - Parigi 1979
Ritme coloré, 1948
Firmato e datato 1948
Olio su tela, 28 × 23,5 cm
Collezione Versace

Ukraine 1885 - Paris 1979
Ritme coloré, 1948
Signed and dated 1948
Oil on canvas, 28 × 23.5 cm
Versace collection

Di abiti la pittrice russa se ne intendeva. Ne aveva disegnati molti a partire dall'*Abito simultaneo n. 60* del 1916, dai progetti di vestiti astratti che influenzarono la moda parigina degli anni Venti e Trenta. Più tardi sono i raffinati esperimenti nel campo degli arazzi, il tessuto operato più lussuoso e la messa in scena di costumi per il balletto, quest'ultima condivisa con Robert, suo marito.
La materia della tessitura permetteva risultati eccellenti per la sua originale trasposizione dei *collage* astratti (di carta e di tessuto) dove la rifrazione della luce e la lezione di Cézanne si fondevano nei contrasti simultanei e nei dischi iridescenti distintivi della coppia di artisti.
Per i dipinti di Robert il poeta Apollinaire aveva coniato nel 1912 un movimento artistico, l'Orfismo: sintesi di cubismo, luce, colore e studi sulla musica. Per entrambi, Sonia e Robert, il passaggio cruciale verso l'astrattismo è la sintonia con il dinamismo della vita moderna, simboleggiata dalla ruota dei colori, perno della loro produzione artistica. A questo

punto la loro strada incontrerà la ricerca sui colori tracciata dai futuristi e i ragionamenti sulla simultaneità bergsoniana messi in opera negli stessi anni da Umberto Boccioni. Sul fronte parigino, la ruota dei colori, come il cerchio, sono per i Delaunay anche metafora dell'energia universale, il loro marchio distintivo.
Sonia ci presta uno dei suoi caleidoscopi attraverso i quali la frammentarietà della vita contemporanea sarà totalmente sguarnita di inquietudini; al contrario del suo dipinto a olio, solare, dinamico e cristallino, traspare tutta la fiducia nella civiltà. (R.F.)

The Russian painter knew all about clothes. She designed many, beginning in 1916 with the *Simultaneous Dress n. 60*, including designs for abstract outfits which influenced Paris fashion in the 1920s and the 1930s. Later came the refined experiments in the field of tapestries, the most luxurious fabrics, and creating costumes for the ballet, sharing the latter with her husband, Robert.
The texture of weaving produced excellent results for her original transposition of abstract collages (paper and fabric), where the refraction of light and Cézanne's lesson merged in the artist couple's simultaneous contrasts and distinctive iridescent disks.
For Robert's paintings, in 1912 the poet Apollinaire coined the name of an artistic movement, Orphism: a synthesis of Cubism, light, color, and studies on music. For both Sonia and Robert the crucial passage toward abstraction was unison with the dynamism of modern life, symbolized by the color wheel, the basis of their artistic production. At that point their path crossed the Futurists' research on color and at the same time Umberto Boccioni's thoughts about Bergsonian simultaneity. On the Parisian front, for the Delaunays the color wheel was like the circle, a metaphor of universal energy, their distinctive label.
Sonia lends us one of her kaleidoscopes whereby the fragmentation of

contemporary life will be entirely freed from anxiety. Conversely, her oil painting, solar, dynamic, and crystalline, displays confidence in civilization. (R.F.)

45. Abito Jim Dine / Jim Dine dress
Primavera-estate / Spring-Summer 1997

Abito t-shirt in seta stampata e tessuto sintetico a effetto *dévoré*, con motivi di cuori floreali alla maniera di Jim Dine. Il rosso vivo dei cuori e i colori contrastanti di contorno sottolineano quanto intensa sia stata l'attrazione di Versace per l'arte contemporanea.

T-shirt dress in printed silk and synthetic fabric with *dévoré* effect, with motifs of floral hearts in Jim Dine's manner. The bright red of the hearts and the clashing colors framing them show the intense attraction Versace felt for contemporary art.

46. Jim Dine
The art of being you, 1996
Olio su tela, 120 × 156 cm
Collezione Versace

The art of being you, 1996
Oil on canvas, 120 × 156 cm
Versace collection

L'arte di essere te stesso. Al centro di questa vita c'è un cuore pulsante ada-

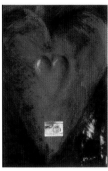

giato sulla sua grande sagoma, rosso su rosso. Un simbolo, paradigma dell'abuso stesso delle facili metafore, di quelle che col cuore fanno rima baciata. Un altro archetipo estratto dalla cultura popolare, tanto evocata nell'opera dello statunitense. Ma per Jim Dine niente è scontato e l'artista non riesce proprio a riprodurre lo stereotipo tal quale, tondeggiante, a piramide rovesciata, "con una tecnica prossima al *trompe-l'oeil*, che tende a farsi dimenticare come pittura e a far emergere in primo piano la banalità quotidiana della cosa" (F. Menna, *La linea analitica dell'arte moderna*, Torino 1975, tavv. 12, 13, e 14). I suoi cuori sono allungati e riposano su un fianco; sono un pretesto per incastonarvi un'immagine: dietro c'è l'uomo. Un'altra figura retorica che s'impone alla nostra attenzione. La foto è chiara: c'è il petto-cuore, non c'è il volto-anima. L'artista introduce in quest'opera brani del suo universo personale e crea un varco per una corrente intimista nel mondo della pop. Con la consueta tecnica del *collage* e l'utilizzo della foto in bianco e nero, imposta anche le condizioni per l'avvio delle riflessioni concettuali. L'immagine è riportata alle strutture primarie, anticipando dunque un nuovo filone delle arti visive che pun-

terà a isolare corpi colorati a più dimensioni, spesso percorribili dal visitatore che entra a pieno titolo a far parte dell'arte, a patto che egli resti sempre "se stesso". (R.F.)

The art of being yourself. At the center of this life there is a beating heart reclining on its large outline, red on red. A symbol, paradigm of the very abuse of facile metaphors, the ones that make heart rhyme with art. Another archetype drawn from popular culture, so frequent in the American's work. But for Jim Dine nothing should be taken for granted, and the artist just could not reproduce the stereotype as it is, curved, an upside-down pyramid, "with a technique similar to the *trompe-l'oeil*, that tends to make itself be forgotten as painting and places the everyday banality of the thing in the foreground" (F. Menna, *La linea analitica dell'arte moderna*, Turin, 1975, plates 12, 13 and 14). His hearts are elongated and lie on their sides, they are a pretext for inserting an image: behind there is the man. Another rhetorical figure calling our attention. The photo is clear: there is the breast-heart, there is not the face-soul. The artist introduced in this work bits from his personal world and created an opening for an intimist trend in the world of Pop Art. With his usual collage technique and the use of black and white photography he also created the conditions for triggering conceptual reflections.
The image is boiled down to its elementary structure, thereby anticipating a new vein in the visual arts, isolating colored bodies of variable sizes into which the visitor often can penetrate, making him fully a part of art, as long as he always stays "himself". (R.F.)

47. Abito Calder / Calder dress
Primavera-estate / Spring-Summer 1997

Abito in *chiffon* di seta bianco e nero, dipinto a mano con applicazioni. Versace ha voluto rendere omaggio a Alexander Calder con questa creazione raffinata e fluttuante che cattura l'essenza delle opere di questo artista, suggerendo il senso di sospensione dei suoi celebri "mobiles".

Dress in black and white silk *chiffon*, hand-painted with appliqués.
Versace paid a tribute to Alexander Calder with this refined, flowing creation that seizes the essence of the works by that artist, suggesting the sense of poise of his famous "mobiles".

48. Alexander Calder
Lowton, Pennsylvania, 1898 - New York 1976
Untitled, 1950
Gouache su carta, 72 × 103 cm
Firmato e datato: "Calder 1950"
Collezione privata

Lowton, Pennsylvania, 1898 - New York 1976
Untitled, 1950
Gouache on paper, 72 × 103 cm
Signed and dated: "Calder 1950"
Private collection

Non c'è settore che non stimoli la curiosità di Calder, non c'è tecnica che non possa essere tradotta nel suo linguaggio artistico. Le *gouaches*, come le tappezzerie e i gioielli, riflettono infatti le stesse problematiche affrontate su grande scala: il gusto dei materiali, la ricerca del movimento e della leggerezza, il senso del gioco. Questo tipo di produzione è un tipico esempio di riuscita collaborazione con il mondo artigiano, caratteristico dell'ultimo Calder. Le *gouaches* cominciano a fare la loro comparsa nella produzione dell'artista americano negli anni Trenta, ma è soltanto a partire dalla metà degli anni Quaranta che Calder si appropria definitivamente del mezzo. Gli acquerelli opachi ben rispondono al suo temperamento, certamente più di quelli trasparenti, troppo pallidi o dell'olio, troppo lento nell'asciugatura. Nel 1953 Calder affitta una casa di campagna nei pressi di Aix-en-Provence. In una delle costruzioni adiacenti installa quella che definirà la sua *gouacherie*, un atelier riservato solamente a questa produzione. La stessa struttura sarà definitivamente installata nella grande casa-atelier di Saché (vicino a Tours), acquistata qualche mese dopo,

nella quale alterna i soggiorni insieme a quella di Roxbury negli Stati Uniti. Alcune delle forme raffigurate ispirate alla natura, sono attinte direttamente dalla riserva personale di immagini accumulate da Calder durante i suoi numerosi viaggi, tramonti tropicali e albe amazzoniche impresse nella sua mente fin dai tempi delle frequenti attraversate oceaniche, negli anni Venti. I soggetti, spesso stilizzati, raffigurano forme geometriche e animali o rinviano ai tanto amati simboli della cosmogonia (sole, luna, stelle), ricorrenti anche nella contemporanea produzione di tappezzerie, anche se su scala più ampia. Il motivo semplice, leggibile, è nella sua ellissi sempre raffinato. I toni brillanti sono quelli tipicamente calderiani: rosso, giallo, blu, con aggiunte di nero per i disegni di contorno.
(B.M.)

There was not a sector that failed to stimulate Calder's curiosity, there was not a technique that could not be translated into his artistic language. Gouaches, like tapestries and jewelry, actually reflected the same challenges handled on a large scale: the taste for materials, the quest for motion and lightness, the sense of playfulness.
This kind of production is a typical example of the successful collaboration with the world of craft, exemplifying the last Calder. Gouaches began to appear in the American artist's production in the 1930s, but it was only toward the mid-1940s that Calder lastingly took over the medium. Opaque watercolors certainly suited his temperament more than transparent ones, too pale, or oil, too slow to dry. In 1953 Calder rented a country house near Aix-en-Provence. In one of the outbuildings he set up what he called his *gouacherie*, a studio he used exclusively for that production. The same structure was installed permanently in the large studio-house at Saché (near Tours) he bought a few months later, where he alternated his stays with his place at Roxbury in the United States. Some of these forms drawn from nature come directly from Calder's own reservoir of images accumulated during his many trips, tropical sunsets and Amazonian sunrises engraved in his mind ever since his frequent ocean crossings in the 1920s. The subjects, often stylized, represent geometric and animal shapes or recall the beloved cosmogony symbols (sun, moon, stars). We also find them in his coeval production of tapestries, although on a larger scale. The simple, readable motif, in its elliptical form, is always refined. The bright tones are Calder's typical ones: red, yellow, blue, with black added for the outlines. (B.M.)

BIOGRAFIA
CHRONOLOGY

1946

Nasce a Reggio Calabria il 2 dicembre.

1972

A venticinque anni decide di trasferirsi a Milano, dove inizia a lavorare come stilista disegnando le sue prime collezioni di prêt-à-porter per Genny, Complice e Callaghan.

1975

Presenta la prima collezione in pelle realizzata per Complice.

1978

Il 28 marzo sfila nel Palazzo della Permanente a Milano con la prima collezione donna che porta il suo nome.

1979

Lo stilista, da sempre molto attento alla sua immagine, inizia una felice collaborazione con il fotografo americano Richard Avedon.

1982

Vince il primo di una serie di premi che hanno coronato la sua carriera: *L'Occhio d'oro* in qualità di miglior stilista per la stagione autunno-inverno 1982-83, nella quale Versace mostra i famosi abiti in metallo, diventati ormai un classico della sua moda.
Nello stesso anno inizia la collaborazione con il Teatro alla Scala e disegna i costumi per il balletto *Josephlegende* di Richard Strauss, con la scenografia del pittore Luigi Veronesi. Crea i costumi per il balletto *Lieb und Leid* su musiche di Gustav Mahler e coreografia di Joseph Russillo.
Il 21 ottobre, con il patrocinio del Comune, si inaugura presso il Padiglione di Arte Contemporanea la mostra "È Design", nell'ambito della quale Versace espone una sintesi delle sue ricerche tecnologiche.

1984

Realizza per la Scala i costumi del *Don Pasquale* di Donizetti e del balletto *Dyonisos* di Maurice Béjart. Nell'ottobre dello stesso anno, presso il Piccolo Teatro di Milano, Béjart crea per lo stilista un trittico di danza in onore del lancio della fragranza *Versace l'Homme*.

1985

A Parigi, in occasione della presentazione europea del profumo, viene organizzata una mostra d'arte contemporanea che riunisce i lavori dei più importanti artisti internazionali intorno alla moda di Versace. I giovani sono da sempre stati una grande fonte di ispirazione per Versace e il 2 ottobre lo stilista è al Victoria &

GIANNI VERSACE IN UN DISEGNO DI KARL LAGERFELD, 1995
GIANNI VERSACE IN A DRAWING BY KARL LAGERFELD, 1995

1946

2 December born in Reggio Calabria.

1972

At the age of 25 moves to Milan where he begins to work as a fashion designer, creating his first prêt-à-porter collections for Genny, Complice, and Callaghan.

1975

Presents the first collection in leather designed for Complice.

1978

28 March, on the runway in the fashion show at the Palazzo della Permanente in Milan with the first women's collection under his own name.

1979

Always highly concerned with his image, the designer begins a successful collaboration with the American photographer Richard Avedon.

1982

Wins the first of a series of awards honoring his career: *L'Occhio d'oro* as best fashion designer for the Fall-Winter season 1982-83, when he shows his famous metallic clothes, now a classic of his style.
The same year he begins his collaboration with the Teatro alla Scala, designing the costumes for the ballet *Josephlegende* by Richard Strauss with sets by the painter Luigi Veronesi. Creates the costumes for the ballet *Lieb und Leid* on music by Gustav Mahler, choreography by Joseph Russillo.
21 October, at the Padiglione di Arte Contemporanea, the show *È Design*, sponsored by the city authorities, presents a synthesis of Gianni Versace's technological research.

1984

Versace creates for the Scala the costumes of Donizetti's *Don Pasquale* and the ballet *Dyonisos* by Maurice Béjart. In October, at the Piccolo Teatro in Milan, Béjart creates for the designer a dance triptych to celebrate the launching of the perfume *Versace l'Homme*.

1985

In Paris on the occasion of the European presentation of the perfume, a contemporary art exhibit is organized, showing works by the most important international artists around Versace's fashion style. The younger generation is always a great source of inspira-

Albert Museum di Londra per parlare della sua moda a un folto pubblico di studenti, illustrando la mostra "Arte e moda".

1986

È un anno in cui premi e mostre s'intrecciano. Il 24 gennaio il presidente della Repubblica Francesco Cossiga gli conferisce l'onorificenza di Commendatore della Repubblica Italiana e il National Field Museum di Chicago presenta una grande retrospettiva sui primi dieci anni del lavoro dello stilista. Il 22 ottobre, a Parigi, durante la mostra "Dialogues de Mode", che illustra la collaborazione professionale tra Versace e i più rinomati fotografi internazionali (Avedon, Newton, Penn, Weber, Barbieri, Gastel etc.) Jacques Chirac assegna allo stilista la *Grande Médaille de Vermeil de la Ville de Paris*.
Il 14 novembre viene presentata a Bruxelles la prima del balletto di Béjart *Malraux, ou la métamorphose des Dieux*. I costumi sono di Gianni Versace.

1987

In gennaio Bob Wilson mette in scena per il Teatro alla Scala di Milano *Salomé* di Richard Strauss e chiede allo stilista di disegnarne i costumi. Il 31 marzo sempre al teatro scaligero, Béjart presenta *Leda e il Cigno* con i costumi di Versace. Il 7 aprile esce il volume *Versace Teatro* edito da Franco Maria Ricci. In giugno Gianni Versace è in Russia al seguito di Béjart, per il quale disegna i costumi del balletto *Souvenir de Leningrad*.
Il grande apporto professionale di Versace con il teatro viene premiato in settembre con l'assegnazione della *Maschera d'Argento*.

1988

Lo stilista viene chiamato a Parigi, per disegnare gli abiti di scena dell'ultimo recital di Zizi Jeanmaire al teatro Des Bouffes du Nord e il 30 marzo a Bruxelles firma i costumi del balletto *Patrice Chéreau règle la rencontre entre Michima et Evita Peron* con coreografie di Maurice Béjart, presso il Théâtre Royal de la Monnaie.
La giuria del premio *Cutty Sark* lo elegge l'8 giugno stilista maschile più creativo e innovatore del mondo. In settembre a Madrid Versace apre una boutique di 600 mq.
Il 20 dicembre è ancora una volta a Parigi dove, per il bicentenario della Rivoluzione francese, disegna i costumi del balletto *Java Forever* con Zizi Jeanmaire presentato all'Opéra Comique con coreografie di Roland Petit.

1989

Il 25 gennaio nel corso di una serata alla Gare d'Orsay presenziata da M.me Mitterrand viene presentato il film *Le bonheur de l'amitié* che racconta del rapporto tra lo stilista e Maurice Béjart, è annunciata l'apertura dell'Atelier Versace, un laboratorio di alta moda.
Il 13 aprile si inaugura al Castello Sforzesco la mostra "L'abito per pensare" che propone, attraverso una lettura storica e sociale, venticinque anni di attività nella moda e nel teatro.
Il 16 maggio il Teatro alla Scala presenta *Doktor Faustus* con la regia di Bob Wilson e i costumi di Gianni Versace. Il 26 maggio Béjart, in occasione dei festeggiamenti per il bicentenario della Rivoluzione francese, lo vuole a Parigi per i costumi del balletto *Chaka Zulu* ispirato alla poesia di L. Senghor. A Milano, il 6 luglio Versace presenta *Versus*, una nuova linea dedicata ai giovani. Il 14 novembre, firma i costumi di un altro balletto di Maurice Béjart presentato al Cirque Royal di Bruxelles, *Elégie pour Elle*.

tion for Versace, and 2 October the designer is at the Victoria & Albert Museum in London to talk about his style before a throng of students, illustrating the *Arte e moda* exhibition.

1986

Is a year combining awards and exhibitions. 24 January, the President of the Republic Francesco Cossiga confers on him the order of *Commendatore* of the Italian Republic, and the National Field Museum in Chicago presents a large retrospective covering the last ten years of the designer's work. In Paris, 22 October, during the exhibit *Dialogues de Mode*, illustrating the professional collaboration between Versace and the most famous international photographers (Avedon, Newton, Penn, Weber, Barbieri, Gastel, etc.), Jacques Chirac awards the designer the *Grande Médaille de Vermeil de la Ville de Paris*.
14 November, première of Béjart's ballet *Malraux, ou la Métamorphose des Dieux* in Brussels. The costumes are by Gianni Versace.

1987

In January Bob Wilson directs *Salomé* by Richard Strauss for the Teatro alla Scala of Milan, asking the designer to create the costumes. 31 March, still at the Scala, Béjart presents *Leda e il Cigno* with Versace's costumes. 7 April, the book *Versace Teatro* is published by Franco Maria Ricci. In June Gianni Versace is in Russia with Béjart, for whom he designs the costumes for the ballet *Souvenir de Leningrad*.
Versace's great professional contribution to the theater is acknowledged in September with the *Maschera D'Argento* award.

1988

The fashion designer is called to Paris to create the stage costumes for Zizi Jeanmaire's last recital at the Des Bouffes du Nord theater, and 30 March in Brussels he signs the costumes of the ballet *Patrice Chéreau règle la rencontre entre Michima et Evita Peron*, choreography by Maurice Béjart at the Théâtre Royal de la Monnaie.
8 June, the jury of the *Cutty Sark* prize elects Versace the most creative and innovative men's fashion designer in the world. In September he opens a 600 square-meters boutique in Madrid.
20 December, he is back in Paris where, for the bi-centennial of the French Revolution, he designs the costumes for the ballet *Java Forever* with Zizi Jeanmaire presented at the Opéra Comique with Roland Petit's choreography.

1989

25 January, a reception at the Gare d'Orsay, in the presence of Mme. Mitterrand, presents the film *Le bonheur de l'amitié* about the collaboration between the fashion designer and Maurice Béjart. The opening of the Atelier Versace, a haute couture workroom, is announced.
13 April, at the Castello Sforzesco opening of the exhibition *L'abito per pensare*, presenting, with a historical and social interpretation, 25 years of work in fashion and the theater.
16 May, the Teatro alla Scala presents *Doktor Faustus* directed by Bob Wilson with costumes by Gianni Versace. 26 May, Béjart, on the occasion of the celebrations for the bi-centennial of the French Revolution, wants him in Paris for the costumes of the ballet *Chaka Zulu* inspired by the poetry of L. Senghor. In Milan, 6 July, Versace presents *Versus*, a new line for the young. 14 November he signs the costumes for another ballet by Maurice Béjart presented at the Cirque Royal in Brussels, *Élégie pour Elle*.

MADONNA, ELTON JOHN, LISA MARIE PRESLEY, TINA TURNER

1990

La collezione *Atelier* sfila per la prima volta a Parigi all'Hotel Ritz e in aprile Versace apre, nella prestigiosa Madison Avenue, la sua seconda boutique newyorkese e l'undicesima sul territorio americano. Il 21 ottobre il regista John Cox inaugura la stagione teatrale dell'Opera di San Francisco con *Capriccio* di Richard Strauss, i costumi sono di Versace.

1991

Il 7 gennaio, si apre al Royal College of Art di Londra la mostra "Versace Teatro".
In marzo viene presentato il profumo *Versus* e il 14 maggio, in collaborazione con Omar Calabrese, Versace lancia il libro *Vanitas. Lo stile dei sensi.*
In giugno a Parigi si inaugura, nel rinomatissimo Fbg. St. Honoré, una boutique Versace.
Istante e *Versus* aprono i loro primi due negozi italiani in via San Pietro all'Orto a Milano e nasce *Signature*, la linea d'abbigliamento classico.
In ottobre viene presentata la mostra "L'abito per pensare" al Kobe City Museum in Giappone. Il 26 ottobre William Forsythe mette in scena i suoi balletti allo Staatische Buehnen di Francoforte con i costumi di Versace. In dicembre lo stilista riceve per la quarta volta il premio *Occhio d'oro.*

1992

In gennaio viene presentato a Parigi il secondo volume dell'opera *Versace Teatro* edito da Franco Maria Ricci; il 27 febbraio a Milano, nella boutique Versus viene presentato il profumo *Versus Donna.*
A Monaco la mostra itinerante "Theater der Mode" celebra a Villa Stueck le sue ultime creazioni stilistiche e teatrali. Il 28 maggio a Londra si apre un nuovo negozio: qui, in un palazzo di cinque piani nella prestigiosissima Old Bond Street, l'universo creativo dello stilista è presentato in tutta la sua modernità.
Il 14 settembre a New York Gianni Versace inaugura il Gala di beneficenza Rock'n Rule in qualità di testimonial per l'Istituto Italiano del Commercio Estero. In concomitanza apre una nuova boutique presso Bergdorf Goodman.
A novembre il Fashion Institute of Technology organizza una grande retrospettiva dedicata al lavoro di Versace, con il titolo "Versace Signatures".

1993

Il 1° febbraio, il Council of Fashion Designers of America premia lo stilista italiano con l'ambito Oscar americano della moda.
Il 25 marzo Maurice Béjart presenta al Sadler's Wells di Londra il balletto *Sissi l'imperatrice anarchica* con i costumi di Gianni Versace.
A maggio esce *Home Signature* una linea per la casa con porcellane prodotte da Rosenthal, tappeti, piumoni e cuscini.
Il 10 novembre a Milano presso la Boutique Versus viene presentato il libro *Vanitas, Ricami e decori - Decori e ricami* edito da Leonardo Arte.

1994

Versace apre a Berlino un negozio di 600 mq sul famoso Kurfürstendamm.
Il 30 marzo, a New York, presenta da Bergdorf Goodman il libro *Designs*, edizione condensata in un solo volume, in lingua inglese, di *Vanitas, Ricami e decori- Decori e ricami.*

1990

First fashion show in Paris of the *Atelier* collection at the Hôtel Ritz, and in April Versace, on legendary Madison Avenue, opens his second boutique in New York, the eleventh in America. 21 October, the director John Cox opens the season at the San Francisco Opera with *Capriccio* by Richard Strauss, costumes by Versace.

1991

7 January, opening of the *Versace Teatro* exhibition at the Royal College of Art in London.
In March the perfume *Versus* is presented, and 14 May, in collaboration with Omar Calabrese, Versace launches the book *Vanitas. Lo stile dei sensi.*
In June in Paris, opening of a Versace boutique on the ultra-famous Faubourg St. Honoré.
Istante and *Versus* open their first two Italian shops in via San Pietro all'Orto in Milan, and *Signature*, the classic fashion line, is created.
In October the exhibition *L'abito per pensare* is presented at the Kobe City Museum in Japan. 26 October, William Forsythe stages his ballets at the Staatische Buehnen in Frankfurt with costumes by Versace. In December for the fourth time the designer receives the *Occhio d'oro* award.

1992

In January the second volume of the book *Versace Teatro* published by Franco Maria Ricci is presented in Paris. 27 February, in Milan the perfume *Versus Donna* is presented in the Versus boutique.
In Munich the traveling exhibition *Theater der Mode* celebrates at Villa Stueck his latest fashion and theater creations. 28 May, in London a new shop opens: here, in a five-story building in prestigious Old Bond Street, the fashion designer's creative world is shown in all its modernity.
14 September, in New York Gianni Versace, representing the Istituto Italiano del Commercio Estero (Italian Institute of Foreign Trade), inaugurates the Rock'n Rule Charity Gala. At the same time a new boutique opens at Bergdorf Goodman.
In November the Fashion Institute of Technology mounts an important retrospective devoted to Versace's work titled *Versace Signatures.*

1993

1 February, the Council of Fashion Designers of America awards the Italian designer the coveted American Fashion Oscar.
25 March, Maurice Béjart presents the ballet *Sissi l'imperatrice anarchica* with costumes by Gianni Versace at the Sadler's Wells in London.
In May creation of *Home Signature*, a household line with Rosenthal porcelains, rugs, quilts, and pillows.
10 November, in Milan at the Boutique Versus presentation of the book *Vanitas, Ricami e decori - Decori e ricami* published by Leonardo Arte.

1994

Versace opens a 600 square-meters shop on the famous Kurfürstendamm in Berlin.
30 March, in New York, presentation by Bergdorf Goodman of the book *Designs*, a condensed edition in one volume in English, of *Vanitas, Ricami e decori - Decori e ricami.*
In the month of September worldwide launching of the two new

GIANNI
NELLO
STUDIO
DELLA VILLA
DI COMO,
1984
GIANNI IN
HIS STUDIO
AT THE
VILLA IN
COMO, 1984

Nel mese di settembre vi è il lancio mondiale dei due nuovi profumi Versace: *RED & BLUE JEANS*. Inaugurazione della mostra itinerante "Versace signatures" presso il Kunstgewerbemuseum di Berlino.

A ottobre esce in Italia il libro *L'uomo senza cravatta*, quarto volume della serie *Vanitas*, edito da Leonardo Arte.

1995

Il 17 gennaio 1995 viene inaugurata la mostra fotografica di Richard Avedon "Richard Avedon 1944-1994" presso la Sala delle Cariatidi a Palazzo Reale (Milano), con la sponsorizzazione di Versace.

Il 3 marzo si celebra la prima mondiale di *How near Heaven* con la coreografia di Twyla Tharp per l'American Ballet Theatre e i costumi di Gianni Versace..

A ottobre esce in Italia il libro *Do not disturb*, quinto volume della serie *Vanitas*, edito da Leonardo Arte.

Il 28 ottobre Versus sfila per la prima volta a New York.

Il 22 novembre si apre la nuova boutique di via Montenapoleone 2, a Milano.

Il 3 dicembre a New York Versace riceve da Elton John il premio *VH1 Fashion And Music Award* per il contributo dato all'immagine della musica.

1996

A luglio a Palazzo Reale viene allestita la prima mostra fotografica in Italia di Bruce Weber "Weber Vietnam Versace Viaggi Vogue", sponsorizzata da Gianni Versace, con il patrocinio del Comune di Milano.

A settembre a Firenze Versace partecipa alla prima edizione della Biennale di Firenze, dedicata al tema "Il Tempo e la Moda" con una installazione ispirata a Roy Lichtenstein.

A ottobre esce in Italia il libro *Rock and Royalty*, sesto volume della serie *Vanitas*, edito dalla Leonardo Arte.

Il 26 ottobre a New York si inaugura al 647 di Fifth Avenue una nuova grande boutique.

Il 15 dicembre debutta a Losanna il balletto *Le presbytère n'a rien perdu de son charme, ni le jardin de son éclat*, nuova creazione del grande coreografo Maurice Béjart. Versace, ancora una volta, ne disegna i costumi. Le musiche sono dei Queen e di Mozart. Dopo l'esordio a Losanna il balletto verrà presentato a Parigi al Théâtre National de Chaillot.

1997

Il 24 aprile si inaugura "Beauty Icons" nuova mostra di Gianni Versace, allestita a Bologna, in collaborazione con la Galleria d'Arte Moderna, dove durante la trentesima edizione del Cosmoprof, sarà presentata, in anteprima internazionale, la nuova linea Versace make-up. In questa occasione allo stilista viene consegnato un premio "per aver saputo coniugare il mondo della moda con quello della bellezza e dell'arte in tutte le sue espressioni".

Il 25 giugno, a Firenze, presso il Giardino di Boboli per Pitti Immagine, Versace presenta in anteprima europea *Barocco Bel Canto* un balletto di Maurice Béjart con i costumi dello stilista.

Il 15 luglio Gianni Versace muore tragicamente a Miami.

Versace perfumes: *RED & BLUE JEANS*. Opening of the traveling exhibition *Versace Signatures* at the Kunstgewerbemuseum in Berlin. In October publication in Italy of the book *L'uomo senza cravatta* (The Man Without a Necktie) the fourth volume of the *Vanitas* series, published by Leonardo Arte.

1995

17 January opening of the Richard Avedon photography exhibition, *Richard Avedon 1944-1994*, in the Sala delle Cariatidi of the Palazzo Reale (Milan), sponsored by Versace.

3 March, world première of *How near Heaven* for the American Ballet Theatre with choreography by Twyla Tharp and costumes by Gianni Versace.

In October publication in Italy of the book *Do not disturb*, fifth volume of the *Vanitas* series, published by Leonardo Arte.

28 October, first Versus fashion show in New York.

22 November, opening of the new boutique at 2, via Montenapoleone in Milan.

3 December, in New York Versace receives from Elton John the *VH1 Fashion And Music Award* for his contribution to the image of music.

1996

In July at the Palazzo Reale opening of Bruce Weber's first photography show in Italy, *Weber Vietnam Versace Viaggi Vogue*, sponsored by Gianni Versace and the municipal authorities of Milan.

In September in Florence Versace participates in the first Florence Biennial, on the theme of "Il Tempo e la Moda" with an installation inspired by Roy Lichtenstein.

In October publication in Italy of the book *Rock and Royalty*, sixth volume of the *Vanitas* series, published by Leonardo Arte.

26 October in New York opening of a new grand Boutique at 647 Fifth Avenue.

15 December, première in Lausanne of the ballet *Le presbytère n'a rien perdu de son charme, ni le jardin de son éclat*, a creation by the great choreographer Maurice Béjart. Once again Versace designs the costumes. Music by Queen and Mozart. After opening in Lausanne the ballet is presented in Paris at the Théâtre National de Chaillot.

1997

24 April, opening of *Beauty Icons*, a new Gianni Versace show, held in Bologna, in collaboration with the Galleria d'Arte Moderna, where the worldwide preview of the new Versace make-up line is presented during the thirtieth Cosmoprof. On this occasion the fashion designer is given an award "for having been able to associate the world of fashion with that of beauty and art in every one of their expressions".

25 June, in Florence, in the Boboli Gardens for Pitti Immagine, Versace presents a European preview of *Barocco Bel Canto*, a ballet by Maurice Béjart with costumes by the designer for the 52nd Pitti Uomo.

15 July, Gianni Versace dies tragically in Miami.

Finito di stampare nel mese di aprile 2006
presso le Arti Grafiche Salea di Milano
per conto delle Edizioni Gabriele Mazzotta

M 0135553929
S 00093370
VERSACE IL GENIO
DELLA MODA E
L'ARTE-I*ED
MASSIMILIANO
CAPELLA-PATRI
ZIA CUCCO
FONDAZIONE
A MAZZOTTA